Cómo cambiar tu mentalidad y reconfigurar tu cerebro

Christopher Rothchester

por su propia voluntad y libera al autor y al Editor de cualquier responsabilidad por la observancia de las sugerencias, consejos, estrategias y técnicas que puedan ofrecerse en este volumen.

Tabla de Contenido

Introducción

¿Alguna vez has querido cambiar quién eres, como de polilla a mariposa? Bueno, eso comienza reconfigurando tu mente a través de pasos metódicos. La palabra de un millón de dólares a considerar es Neuroplasticidad. El significado de esa gran palabra tan técnica es la capacidad que tiene tu cerebro para revitalizar las conexiones sinápticas a través del aprendizaje. La raíz de la palabra, Neuro, se deriva de las palabras "Sistema Nervioso". Plasticidad proviene de "plastos", una palabra griega para moldeable. Por lo tanto, el sistema nervioso tiene un cerebro moldeable y la Neuroplasticidad es para crear conexiones y caminos entre las neuronas. Este término pomposo lo introdujo el neurocientífico polaco Jerzy Konorski poco antes de que el Titanic se hundiera en 1906. Como escritor que ha experimentado síntomas de ansiedad, pensamiento excesivo y una vez se le hizo una prueba de TDAH, estos son algunos consejos y trucos increíbles para ayudar a remediar algunas de esas situaciones.

Primero, aprendamos un poco sobre el cerebro. Dentro del cerebro hay 100 mil millones de neuronas. Solo en los últimos 10 años los científicos médicos aprendieron que el cerebro crece bien hasta la edad adulta. Entonces, la pregunta es, ¿cómo puedes hacer crecer tu cerebro a través de la neuroplasticidad? Todo comienza con el hipocampo, la parte de la corteza de la memoria del cerebro. Hace veinte años, hubo evidencia de que escuchar la Sonata de Mozart puede aumentar el coeficiente intelectual. Entonces, en el estado de Georgia, a todos los que nacían les daban un álbum de Mozart para que lo escucharan. El resultado: no hubo ningún cambio en el coeficiente intelectual. Lo que se llama, según el neurocientífico Richard Haier, es el efecto Schmozart. El Significado: ha sido completamente desacreditado como charlatanería. Pero lo que puedes hacer son las pequeñas cosas que hay en este libro para desarrollar tu cerebro. La pregunta es, ¿a un perro viejo se le pueden enseñar nuevos trucos? Respuesta corta: Sí.

En la década de 1890, el psicólogo William James teorizó que el cerebro no cambia en la edad adulta. Esta fijo. Escribió que la materia orgánica tiene un alto grado de plasticidad, lo que significa, pensó, que uno no puede cambiar mucho una vez que llega a la edad adulta. Al igual que lo de la música de Mozart, esa tendencia fue desacreditada en los tiempos modernos. Décadas más tarde, en la década de 1920, Karl Lashley, un investigador, descubrió cambios en las vías neuronales dentro de los monos Rhesus: se formó un pensamiento de ruptura en la ciencia para la comprensión de los cambios en el cerebro y la neuroplasticidad. Luego, en 1960, un equipo de investigadores estudió a personas que sufrieron accidentes cerebrovasculares y luego pudieron recuperar el uso de una extremidad como magia. Lo que reveló un nuevo hecho: el cerebro crece y es maleable hasta la edad adulta y puede reconfigurarse para aprender.

Aquí hay mucha información médica y científica, y lo más probable es que, bueno, no seas médico. Pero en términos sencillos, está documentado que la mayoría de las enfermedades neurodegenerativas se derivan de la pérdida degenerativa de la neuroplasticidad. Algunas que están vinculadas a ese ajuste, son la enfermedad de Alzheimer, la enfermedad de Parkinson y la enfermedad de Huntington. Esta guía te dará un enfoque paso a paso de cómo puedes mejorar tu cerebro a través de una serie de técnicas. Desde aprender a convertir lo negativo en positivo hasta una pequeña cosa llamada inteligencia emocional. Entonces, comencemos nuestra aventura hacia el crecimiento de la conciencia o el cambio de mentalidad.

O... tal vez te ayude a mejorar un poco jugando Wordle.

Capítulo 1: Usando la neuroplasticidad para el éxito

Lo primero es lo primero, la neuroplasticidad es el fortalecimiento de las vías neuronales en tu cerebro. Este libro evitará el uso de clichés e intentará entrar en el meollo de la cuestión de cómo mejorar tu cerebro. Empecemos desde el principio. Al nacer, un bebé tiene 2.500 sinapsis, pero a los tres años tiene 15.000. Estas pequeñas cosas en el cerebro son pequeños espacios entre las neuronas donde se comunica el sistema de impulsos nerviosos. Mediante el uso de varias técnicas, mejora la maleabilidad de tu mente para que puedas retener más información y ser más eficiente al hacerlo. A esto se le llama plasticidad sináptica. Esta es la capacidad de las conexiones en tu cerebro para reorganizarse a través de nueva información y volver a conectarse de manera diferente a como era antes, por lo que es más adaptable para hacerlo.

Ejemplo: Nunca has estudiado el tema del Coliseo de la antigua Roma, y luego tienes que hacer un informe sobre él y luego hablar sobre eso con fluidez. Bien, esto ayudará a expandir el plástico en tu cerebro. Hacer cosas fuera de la zona de confort una y otra vez puede mejorar las funciones cognitivas y mejorar tu capacidad de aprender e incluso mejorar en tu trabajo diario. Uno quiere un cerebro maleable que pueda adaptarse a cosas nuevas sobre la marcha y que no se asiente con el mismo comportamiento repetitivo.

El consciente y el subconsciente trabajan mano a mano, según Sigmund Freud. Según investigaciones recientes, "reescribir" tu cerebro puede tener grandes cambios en tu vida y puede conducir a una mejora. Entonces, ¿qué significa esto exactamente? Bueno, que puedes usar la ciencia para tus nuevos patrones astutos y repetitivos para crear resultados positivos. Gracias a la comprensión de la ciencia y la química del cerebro, puedes salir de la "ruta habitual" que tienes para crear nuevas rutas, gradualmente. Aunque incorporando ese patrón en tu subconsciente, se convierte en una segunda naturaleza. Según Michael Merzenich, un renombrado neurocientífico de la Universidad de California, a tu mente le gusta filtrar lo que puede recordar y luego ignorar las cosas que no quiere recordar, y uno debe volver a centrar la atención en sus objetivos.

Uno no necesita hacer gimnasia mental agresiva como la astrofísica o la trigonometría para hacer crecer el cerebro. Solo una repetición que invita a la reflexión de una manera positiva. El inconsciente de una persona también desarrolla neuronas al realizar tareas para estimular la mente. Día tras día, si continúas trabajando en algo y te esfuerzas por ser mejor en ello, un día cambiará tu vida lentamente como una metamorfosis de una mariposa. Las dos definiciones principales de neuroplasticidad son:

1.1 Plasticidad funcional

Esta primero no está relacionada solo con "volverse más inteligente", sino que está más relacionada con el daño, como cuando un cerebro se daña, tal vez por accidente, y puede volver a conectar esa parte del cerebro a una nueva. Si una vez no pudiste mover tu mano derecha debido a una terrible colisión, durante la terapia, tal vez puedas mover esa mano nuevamente.

Plasticidad Estructural: Es cuando el cerebro puede cambiar su estructura a través de la maleabilidad simplemente aprendiendo. Cuando tu cerebro es dominante en un área, a través de la repetición y el trabajo duro, la estructura de tu cerebro puede cambiar. ¿No sabías tocar el violín? Tal vez, dentro de unos meses, puedas pasar por esa cosita llamada plasticidad estructural.

Algunas de las cosas que pueden suceder cuando con la Neuroplasticidad:

- Aprendes cosas nuevas y conservas esa información.
- Mejoran aún más tus habilidades actuales al mejorar las habilidades cognitivas
- Si tienes un derrame cerebral o energía cerebral traumática, puedes recuperarte más rápido
- Mejora las áreas del cerebro que se ralentizan con el paso del tiempo y/o las que luchan contra el desarrollo del Alzheimer.
- Uso de mejoras que pueden aumentar tu agilidad mental y aptitud cerebral

Con la terminología más compleja fuera del camino, pasemos más al lenguaje común no médico.

Primero, aprendamos un poco sobre los diferentes tipos de neuroplasticidad para que puedas, bueno, volverte más inteligente y hacer crecer tu cerebro aún más. La primera es la plasticidad funcional, la capacidad de la mente para moverse si hay un área dañada en el cerebro u otras áreas que no están lesionadas. Por otro lado, la plasticidad estructural es la estructura del cerebro y los cambios agudos de la capacidad de aprender. La parte más importante de este libro es la capacidad de aprender. Lo que eso hace es mejorar tu factor neurotrófico derivado del cerebro. El cerebro de un niño desarrolla neuronas a un ritmo asombroso hasta los tres años; aprender sobre esto puede ayudar a desarrollar tu mente para mejorarte a ti mismo. El uso de esta técnica te ayudará a superar o (siendo honesto) a disminuir los síntomas de pánico, ansiedad, depresión, pensar demasiado y TDAH. Dentro de algunos de los siguientes consejos, aprenderás a reconfigurar tu cerebro para retener más información y estar más apto para salir de tu zona de confort y... vivir un poco más audazmente usando la pequeña cosa llamada Neuroplasticidad.

Hay muchas cosas que uno puede hacer para mejorar su neuroplasticidad, pero aquí hay siete de ellas. Por ejemplo, tú, en teoría, puedes ser totalmente introvertido y luego ser extrovertido mediante simples mejoras en la plasticidad cerebral. Diametralmente lo contrario, De un extremo al otro. Un ejemplo de la vida real de eso sería la ex superestrella de la NBA Michael Jordan. Quien, mientras jugaba baloncesto en Carolina del Norte, tuvo un Talón de Aquiles, su principal debilidad en el juego. Eso era que no podía driblar bien, según lo que su compañero de equipo Kenny "The Jet" Smith diría en un momento que estaba driblando. Bueno, la próxima vez que lo vio, vio que había mejorado en el manejo de la pelota donde esa debilidad en su juego no podía ser explotada. "El único hombre cuyas debilidades se convirtieron en sus fortalezas". Ese es un excelente ejemplo de mejorar físicamente en algo, driblar, pero las mismas reglas se aplican también para mejorar mentalmente.

Sin más preámbulos, aquí hay algunos consejos para iluminar millones de caminos en tu cerebro.

1.2 Pasos para mejorar la Neuroplasticidad

1. Gimnasia Mental - Retarte a ti mismo. Cualquier cosa que quieras hacer en la vida, tal vez quieras ser astrofísico, aprender a ser jardinero, hacer algo que te desafíe, y trabajar en ello y pensar en ello, a menudo. No tiene que ser algo grande o atrevido,

sino algo fuera de tu zona de confort. Dependiendo de tu edad, tal vez comiences a hacer cosas accesibles y fáciles y trabajar para avanzar. Pero haz algo que te haga pensar. Los crucigramas cambian, pero también lo hace la escritura compleja sobre cosas como la neuroplasticidad, por ejemplo. Lo que quieras hacer y mira tu talón de Aquiles o tu debilidad general, usa determinación para esforzarte por ser mejor en eso. Hay estudios que muestran que las personas de gran éxito dedican de 15 a 30 minutos al día a pensar y evaluar la nueva información que obtienen. Lo que hace ese poco de tiempo es ayudarlo a planear su próximo movimiento como un juego de ajedrez. Pero algunas veces, hay cosas más científicamente probadas para mejorar tu cerebro.

2. Correr

Según la evidencia epidemiológica de la Biblioteca Nacional de Medicina, el ejercicio mejora la neuroplasticidad y ayuda a prevenir la enfermedad de Alzheimer.

Cada vez que tu sangre bombea en actividades aeróbicas, puede aumentar la neuroplasticidad en tu cerebro. Lo que esto hace es mejorar tu función cognitiva y motora en tu cerebro para que puedas expandir tus horizontes y mejorar mucho en las cosas. También se dice que esto ayuda al hipocampo para mejorar la memoria y el aprendizaje. El otro lado positivo de esto: podría ayudar a prevenir la demencia. Simplemente correr puede aumentar tu factor neurotrófico derivado del cerebro, también conocido como BDNF, que es una molécula clave en los altercados plásticos en el cerebro. Cosas como la memoria y el aprendizaje están ligadas a esto. Algunos buenos ejercicios son correr, pero también levantamiento de pesas, deportes agresivos y bailar, pero cuanto más agotadores sean los latidos del corazón, mejor... como correr a toda velocidad. Otras cosas que hace el ejercicio para la salud cardiovascular son: Reducir la presión arterial, ayudar a regular el azúcar en la sangre, reducir los síntomas del asma, reducir el dolor crónico, ayuda a dormir, regula el peso, fortalece el sistema inmunológico, mejora el humor, reduce los riesgos de caídas y, por último, pero no menos importante, mejora el poder del cerebro para la neuroplasticidad.

3. Hacer arte

A partir de una investigación en el 2015, se descubrió que cada vez que haces arte; hay un cambio de comportamiento positivo en el cerebro. La materia blanca frontal se reorganiza cada vez que haces algo artístico. No tienes que ser Miguel Ángel creando la Capilla Sixtina para considerarte un artista. Comienza a hacer cosas básicas: fideos básicos, proyectos de escritura o pinturas y puede mejorar tu perspectiva de la vida y también ayudar a la neuroplasticidad en tu cerebro. Pintar, por ejemplo, mejora la actividad cortical y cerebelosa cada vez que mejoras en el dibujo. Hacer arte no solo mejora tu cerebro; te ayuda con los problemas propios, reduce la depresión y ayuda con la relajación. Pero no se limita solo al arte visual, también se ha demostrado que crear música promueve la neuroplasticidad. Según la investigación, mejora la memoria, la prevención y las habilidades motoras y provoca el deterioro del cerebro relacionado con la edad. En la era de Internet, hay muchas formas de aprender a componer música, pintar y dibujar. El primer destino para gente con presupuesto y tiempo limitado es: Youtube. Otra idea: las aplicaciones. Para aprender a tocar la guitarra, la aplicación estándar de oro es Yousician.

4. Aprende un Segundo Idioma

Según el estudio de la Biblioteca Nacional de Medicina, aprender un segundo idioma puede tener cambios positivos en la conectividad de la materia blanca. Aporta mayor fuerza a la conectividad del cerebro entre las regiones del cerebro. Puedes aprender un nuevo idioma a cualquier edad para ayudar a mejorar tu agudeza mental, vocabulario, capacidad para realizar múltiples tareas y habilidades creativas. Muchas aplicaciones pueden hacer que aprender un nuevo idioma no sea exactamente fácil, pero sí más fácil de lo que ha sido antes. Duolingo es una app que hace que el aprendizaje del español sea sencillo y con gráficos coloridos. Pero se trata de ser persistente y decidido a retener la información y mantenerla, es lo que realmente te hará obtener cambios morfológicos cerebrales positivos.

5. Leer y aprender todos los días

Estados Unidos ocupa el puesto 125 en el ranking mundial de alfabetización. Hay muchos estados donde el presupuesto es distraídamente diferente para la educación de adultos para que la gente aprenda. En este mundo competitivo, leer y leer todos los días sobre el tema que te apasiona puede ser un factor decisivo en tu crecimiento. No solo leer, sino hacer un esfuerzo por aprender todos los días y tener la mente abierta a las cosas que inicialmente no te emocionan, pero a través de una mente abierta, esto se vuelve más interesante para ti. Muchos de los capítulos brindan información sobre cómo retener información nueva, dormir, hacer ejercicio, comer bien, pero uno debe tener una pasión desenfrenada por aprender todos los días. Uno tiene que estar en un estado de ánimo de aprendizaje continuo y no solo en temas familiares. Si tu debilidad es no saber ____ entonces estudia ____ hasta que seas experto.

6. Dormir

Es parte de un tercio de la vida de una persona y es fundamental para la plasticidad del cerebro, entre otras cosas. Como saben todos los que tienen medio cerebro, una cantidad saludable de horas de sueño es esencial para la restauración de energía y también para tu sistema inmunológico. Si quieres aprender a tocar el violín, en lugar de dedicar largas horas y reducir tu sueño, asegúrate de dormir las 7-9 horas adecuadas. Cosas a tener en cuenta: asegúrate de obtener el sueño REM adecuado, y con un reloj inteligente puedes tabularlo aproximadamente. Varios estudios demuestran cuán vital es el sueño no para el cerebro, sino también para todo el cuerpo. Hay una Conferencia TED en Youtube con un profesor de neurociencia/psicología Matt Walker donde brinda duras verdades sobre cuán crítico es el sueño. Incluyendo salud, retención de información y creatividad.

7. Meditación

La Magnetoencefalografía estudia que existe una correlación entre la meditación y la plasticidad neural. Otra cosa que puedes hacer es usar Vipassanā, la palabra india para 'percepción', usando meditación. Hay muchos tipos de meditación, y consisten en la meditación consciente, desde la meditación espiritual hasta la meditación enfocada en movimiento. Las dos más fáciles para los meditadores principiantes serían la meditación consciente y la meditación espiritual (oración). Para la primera, uno solo tiene que cerrar los ojos, quedarse quieto y tener pensamientos placenteros y vacíos en su cabeza. Cosas como concentrarse en la tranquilidad que hay o en los latidos de su propio corazón. Eso ahoga los pensamientos demasiado entusiastas y agotan la energía y ayuda a reducir la ansiedad y ayuda a prevenir el Alzheimer y la depresión, pero al mismo tiempo, la respiración aumenta la capacidad de aprendizaje de tu cerebro. Lo primero que debes aprender con la meditación son ejercicios de respiración simples como la respiración diafragmática. La primera: es la técnica de respiración 4-7-8.

8. Cetosis (grasa), DHA (que se encuentra en los aceites de pescado)

Es una dieta alta en grasas con carbohidratos bajos. Se usa para controlar la epilepsia en los niños, pero más que eso. Por lo general, el cerebro usa la glucosa de los carbohidratos para obtener energía en el cuerpo. Pero cuando evitas comer esos alimentos y comienzas a ayunar, el cuerpo ingresa a la grasa y se descompone en lo que se llama cetosis. El cuerpo comienza a usar ácidos grasos de una molécula llamada betahidroxibutirato. Lo que esto hace es mejorar la potenciación a largo plazo (es decir, aumentar la fuerza de los impulsos nerviosos a lo largo de las vías). Esencialmente, adquirir la dieta mediterránea y, básicamente, comer de manera más saludable y obtener más omega-3 que se encuentra en el pescado graso, puede ayudarte a aprender. Los estudios dicen que el Omega-3, un ácido graso que se encuentra en el pescado puede mejorar la neurogénesis. Comer una buena cantidad de esto puede ayudar al desarrollo de tu cerebro y a la actividad muscular y también al crecimiento celular. Según la Biblioteca Nacional de Medicina, ayuda a desarrollar la plasticidad sináptica en el cerebro. Hay otros beneficios de calentar mariscos: previene la muerte celular por los efectos antiapoptóticos y el desequilibrio de los radicales libres y los antioxidantes dentro del sistema, llamado estrés antioxidante, y ayuda a reducir la inflamación. En términos sencillos: hace mucho por la mente y el cuerpo.

9. Magnesio

En lugar de obtener tus ingredientes claves que te ayudan con tu cerebro de alguna pastilla maravillosa del Dr. Oz, consíguelos comiendo alimentos de hoja. Los estudios dicen que una cantidad saludable mejora la corteza visual en ratones. También está relacionado con cientos de reacciones bioquímicas en tu cuerpo, como los beneficios antiinflamatorios y la función cognitiva. Esto es parte de un papel fisiológico crítico en el desarrollo del cerebro. Nuevamente, es mejor comer alimentos como vegetales, de color verde oscuro, granos, leche y yogur en lugar de tomar una píldora maravillosa.

10. Reduce el estrés

La neurogénesis ha encontrado algunos hechos sorprendentes: el estrés crónico puede dificultar la adopción neuronal necesaria para mejorar tu cerebro. Esta forma de estrés hace que las neuronas del cerebro cambien, ya sea que se encojan o crezcan. Reduce la capacidad del hipocampo y la corteza prefrontal para tener neuroplasticidad positiva. Además, el estrés crónico puede alterar el destino de la columna vertebral y la longitud dendrítica, y esto se ramifica en la corteza prefrontal. Entonces, si eres una persona que duerme lo suficiente, no tienes problemas de abuso de sustancias, haces ejercicio y todavía te cuesta recordar... puede ser porque tu cerebro está en una respuesta de lucha o huida del estrés. Entonces, si tienes un trabajo muy estresante, que mucha gente lo tiene, la meditación o un trote al mediodía ayudan a reducir el estrés y mejorar los circuitos del cerebro.

11. Ayuno

El ayuno intermitente está documentado para mejorar el rendimiento cognitivo del cerebro, según la Biblioteca Nacional de Medicina. Lo que hace es ayudar a aumentar el factor neurotrófico derivado del cerebro (BDNF), que según algunas estimaciones en línea, es entre un 50% y un 400%. Según Mark Mattson del Instituto Nacional sobre el Envejecimiento, puede retrasar el Parkinson y el Alzheimer. Sin embargo, morirse de hambre durante largos períodos tiene el efecto contrario. Las palabras clave son ayuno intermitente. Mattson argumenta que nuestros genes provienen de nuestros antepasados que tenían 3 comidas completas al día más un buen refrigerio. Más bien, nuestros cuerpos fueron creados para entrar en modo de ayuno ocasional y nuestro cerebro reacciona en consecuencia.

12. Viajar

Tampoco es necesario ir a Bangladesh para que se considere un viaje. Se trata de salir de tu zona de confort. Considera aventurarte por una ruta en un área agradable y segura por la que nunca caminas, ir de compras a otro lugar o simplemente dar un paseo. Los estudios dicen que viajar puede aumentar tus niveles de BDNF y tu flexibilidad cognitiva. La razón: estás fuera de tu elemento y tu cerebro se ve obligado a crear nuevas sinapsis más rápido. También está lo que se llama Viaje Virtual, donde puedes ver diferentes lugares en YouTube si realmente estás caminando. Esencialmente, para mejorar tu cerebro, debes evitar seguir el camino trillado todos los días que no desarrolla tu cerebro y amplía tu forma de pensar.

13. Comer bien/Cúrcuma

Según la Biblioteca Nacional de Medicina, esta especia de color naranja puede hacer maravillas para tus circuitos y atenuaciones del hipocampo. Esta medicina ayurvédica se ha utilizado durante siglos en los países de Oriente Medio y Asia. Se realizó un estudio en ratas con depresión, y este polvo ayudó a reducir los síntomas de la misma. Además, la curcumina altera la plasticidad neuronal para la mejora del cerebro. Durante los ensayos clínicos que evalúan a personas con TDM (el trastorno depresivo mayor) la curcumina puede ayudar a reducirlo. Pero ciertamente no estaría de más tratar de mejorar nuestro cerebro usándola. Sin embargo, si realmente quieres mejorar tu cerebro, tienes que hacer una variedad de cosas y no solo darle sabor a tu comida. La otra cosa más simple de hacer es comer con mayor sustento. El mejor ejemplo: es la dieta mediterránea. Llena de pescado, nueces, pan, frutas, vegetales y pequeñas cantidades de carnes rojas o alimentos procesados que obstruyen las arterias y destruyen los intestinos.

1.2 Resumen

Esta es una variedad de formas médicamente probadas para mejorar la plasticidad de tu cerebro. Para ayudar a retrasar el deterioro cognitivo, cuanto antes practiques una mejor salud cerebral, más probable será que tengas un cerebro más fresco a medida que envejeces. Según la Asociación de Alzheimer, la edad, los antecedentes familiares, la genética y otros factores, como una lesión en la cabeza pueden afectar un envejecimiento saludable. Formular una estrategia para mejorar tu cerebro ahora tanto para tu desempeño laboral como para evitar ciertas enfermedades degenerativas es vital para tu salud.

Capítulo 2: A Sistema de Creencias del Ganador

Tom Brady es ampliamente considerado el mejor jugador de fútbol de todos los tiempos. Tiene siete anillos de Super Bowl y sigue jugando como Mariscal titular con más de 40 años. Incluso si niegas los siete Super Bowls, seguir jugando sigue siendo un gran logro. Tuvo confianza en el sistema con Bill Belichick y, después, con Bruce Arians. Lo que tiene es un sistema de creencias de ganador por excelencia. Una mentalidad para superar la adversidad y convertirse en el mejor en su profesión. Si estás buscando modelarte a partir de la mentalidad de un ganador, comienza con buenos componentes básicos y una actitud positiva. Ten un poderoso sistema de creencias dentro de ti mismo, inquebrantable e incorruptible, y estarás en el camino hacia una superación personal significativa. Hay formas en las que si visualizas una versión ideal de ti mismo, tal vez dentro de unos años, y luego comienzas a caminar, hablar y actuar como esa persona... eventualmente te convertirás en esa persona. La mentalidad de un ganador como la de Tom Brady se deriva de una creencia íntima en uno mismo, el sistema en el que trabajó, una mejora constante y escuchar comentarios constructivos. La razón es que lo que pensamos dicta nuestro comportamiento. Aquí hay algunos puntos de superación personal que podrían cambiar fundamentalmente quién eres para tu propio bienestar. Pero lo que mejor podría ayudar es: dejar tu ego en la puerta.

2.1 Pasos sobre Cómo Desarrollar un Sistema de Creencias de Ganador

Mentalidad de crecimiento: Es tener el estado mental de que tu cerebro es un retoño que busca crecer tan alto como un árbol antiguo de 250 pies que tiene un par de miles de años. Lo que significa que hay un montón de crecimiento que uno puede hacer incluso al llegar a la edad adulta. Tu mente necesita crecer, y si ya crees que eres genial y algo así, es probable que te resulte más difícil mejorar aún más. Los escritores, en particular, a una edad temprana quieren pensar que son el próximo Stephen King, y rechazan todos los comentarios negativos porque ya han tomado una decisión. Lo que han hecho los ha puesto en una mentalidad fija que obstaculiza su potencial de crecimiento. Mantente siempre en un estado de ánimo de joven retoño.

2. Sal de tu zona de confort

Seguir el mismo camino repetitivo no va a desarrollar tus habilidades. Aprende a salirte de tus parámetros habituales. Al igual que con el levantamiento de pesas, si haces el mismo entrenamiento, la memoria muscular aprende y luego es más difícil obtener ganancias. Si comienzas a hacer otros ejercicios para trabajar diferentes grupos musculares, como la mente, puedes volver a crecer. Aborda el miedo y la incertidumbre a la novedad como forma de vivir la vida. Adéntrate en aguas desconocidas (no peligrosas, por supuesto. Nada de escalar rocas sin arnés, por ejemplo). Piensa en nuevas aventuras como una forma de vivir la vida y no temer. El mencionado Tom Brady hizo exactamente lo mismo cuando se fue de Nueva Inglaterra a Tampa Bay. Morgan Freeman dice una sabias palabras en Sueño de Fuga, "Ocúpate de vivir u ocúpate de morir".

3. Formular una estrategia ganadora

Simplemente trazar en tu mente, o tal vez en un diario, una forma de lograr tu objetivo de ser astronauta, o lo que sea, es tu primer paso para serlo. Formula algo a través de la preparación y la fortaleza mental. Cualesquiera que sean tus sueños, tener una estrategia para conseguirlos es el camino. Investiga las estrategias ganadoras en tu campo. Tal vez, duplicar la misma metodología de otra persona. Improvisar. O, si estás utilizando algo relacionado con la tecnología, adopta las últimas formas de tecnología e Internet. Además, a veces (normalmente) algunas cosas pueden tardar más de lo esperado. Si uno tiene una estrategia ganadora, puede llevar tiempo, pero la perseverancia es tu mayor aliada. Se tu propio Bill Belichick.

4. Ten un plan de contingencia

El lado contrario de hacer una estrategia, el lado más pesimista, es asegurarte de tener al menos algún tipo de plan de contingencia en caso de que las cosas no salgan exactamente según lo planeado. A veces, el plan B puede abrir las puertas al plan A. Esta parte contradice la idea de tener una perspectiva positiva, pero aun así es bueno estar preparado en caso de que suceda algo. Existe esta cosa llamada Ley de Murphy. La primera regla es que todo lo que pueda salir mal, saldrá mal. La segunda regla: Nada es tan fácil como parece (también pesimista). Finalmente, la tercera regla es: todo lleva más tiempo de lo que crees. Aunque todas estas son actitudes pesimistas, siempre es bueno tener al menos algún tipo de plan de respaldo en caso de que suceda lo peor.

5. Busca ser un experto

Uno tiene que ser realista, pero uno puede ser un experto en muchos campos cuando se pone el máximo esfuerzo y determinación. Se trata de la vieja pregunta...Es naturaleza versus crianza ¿o ambas? Para algunos profesionales, hay mucha naturaleza, lo que significa que naces con muchas habilidades o atributos físicos que te ayudan a hacer mejor este trabajo. Pero en el otro lado de la moneda, hay una crianza o educación en la que si haces lo suficiente de cierta profesión en las horas libres y le dedicas quizás miles de horas, puedes convertirte en un experto. Lo principal * en este segmento: los esfuerzos artísticos y las carreras deportivas son extraordinariamente difíciles para que alguien se convierta en un experto. Esas dos profesiones son una dosis saludable de la naturaleza versus los profesionales de crianza/educación estándar, como convertirse en entrenador de voleibol. Sean cuales sean tus sueños, ve por ellos.

6. **Concéntrate, Concéntrate, Concéntrate, Concéntrate**

En la época de TikTok, los niños llorando, la política apocalíptica y toneladas de contenido de transmisión, hay innumerables formas de distraerte de tus esfuerzos. Pero la diferencia entre alguien que puede lograr sus objetivos y alguien que no: es un enfoque nítido. Elimina las distracciones y ten un "tiempo para mí" en el que puedas concentrarte en tus elevadas ambiciones todos los días... preferiblemente a la misma hora todos los días, creando un hábito. Por ejemplo, la mayoría de los escritores, en particular, crean una rutina firme en la que escriben todos los días a la misma hora. Stephen King, por ejemplo, escribe las mismas 2000 palabras todos los días, los 7 días de la semana. No digo que debas tener una ética de trabajo robusta, pero si te concentras solo en el blanco todos los días, te acercarás un poco más cada día... tienes una ventaja sobre tu competencia.

7. **Acepta el cambio**

Bob Dylan tiene una canción The Times Are A-Changin' (Los tiempos están cambiando). A decir verdad, el tiempo siempre está en movimiento, por lo que uno tiene que aprender a adaptarse al cambio. Otra cita, "El más adaptable al cambio es el que sobrevive". Por Charles Darwin. Acepta el cambio y manéjalo con calma. No solo eso, date cuenta de que si no hay un pequeño cambio en el camino trillado, las cosas pueden ser un poco aburridas. Como se señaló en el capítulo de neuroplasticidad, aceptar el cambio no es solo tener una mentalidad ganadora; es una forma de probar tu agudeza mental. Entonces, en lugar de ser habitual con una cosa como si estuvieras bajo esclavitud mental, date cuenta de que tienes libre pensamiento para hacer lo que quieras (legalmente) para hacer crecer tu mente y, con un espíritu competitivo, ser un ganador.

8. **No seas un mal perdedor**

Seguro has escuchado la expresión "para saber ganar, hay que saber perder"... y a veces muchas veces. Si pierdes con gracia, y no solo en el deporte, sino en los tropiezos en la vida, no pierdas la motivación. El icónico político Winston Churchill tenía una cita sobre esto: "El éxito consiste en ir de fracaso en fracaso sin perder el entusiasmo". SpaceX de Elon Musk tuvo 3 cohetes que fallaron antes de que se lanzara el cuarto y fue el primer cohete en órbita desarrollado de forma privada. Si primero no tienes éxito, inténtalo, inténtalo de nuevo con práctica y determinación. Una de las cosas positivas de perder es darte una segunda oportunidad usando todo el conocimiento que adquiriste para intentarlo una y otra vez. Si uno mantiene la tenacidad adecuada incluso cuando recibes una mala baraja de cartas, es posible que puedas ganar la carrera con pura fuerza de voluntad. Así que cuando redoblas tu esfuerzo y renuevas tu estrategia avanzando con confianza y poder, es posible que ganes la próxima vez.

9. **Se flexible y tranquilo para cambiar la estrategia sobre la marcha**

Este es un microcosmos de lo que puedes hacer sobre la marcha cuando la situación se pone difícil. A pesar de que Michael Jordan estaba perdiendo con pocos segundos para terminar en la final de la NBA de 1998, mantuvo la compostura. El marcador era 85-86, la ventaja la tenía el equipo Jazz con 37,1 segundos restantes. La multitud en Salt Lake City estaba de pie, vitoreando y en ascuas. Cuando John Stocking le pasó el balón a Karl Malone, Jordan reconoció que estaban ejecutando la misma jugada del área pintada en el poste bajo. Entonces Jordan recordó eso y con una agilidad felina, llegó al lado ciego de Malone y le robó la pelota como un bandido y se salió de la cancha con calma. Con segundos de sobra, el entrenador de los Bulls, Phil Jackson, no hizo tiempo para que el equipo Jazz no pudiera armar la defensa. Tomó la pelota y la dribló lentamente por la cancha para que cada uno ganara la mayor cantidad de tiempo en el reloj. Con el reloj corriendo, Michael hizo un cruce sobre Bryan Russell y el tema de la línea de tiros libres y disparó el balón. Sonó el Silbido. Solo quedaban 5.2 segundos y usó su fortaleza mental para lograr el tiro ganador del juego. Se convirtió en el tiro más famoso en la historia de la NBA. Todo esto es una estrategia de cómo puedes cambiar completamente tu estrategia para ganar, siempre y cuando mantengas la compostura y la mente abierta para el plan de juego ganador.

10. **La competencia es buena**

Hablando de competencia, si tienes a alguien que pueda inspirarte ya sea un compañero de redacción, un compañero de ventas o tal vez el dueño de un negocio, alguien que puedas ver como un competidor, puedes usarlo para alcanzar un escalón aún más alto. La competencia es algo bueno. Si eres una persona que quiere ser un maestro en algún tipo de campo, o tal vez incluso competente, ten a alguien con quien puedas compararte para maximizar tu desempeño. Un buen ejemplo sería que el jugador de los Bulls Scottie Pippen jugara con Michael Jordan. Practicaron juntos. Y fueron uno contra el otro en contiendas. Aunque MJ generalmente se considera el mejor jugador de todos los tiempos, también ayudó a Scottie Pippen a alcanzar el cenit de su potencial al trabajar con MJ y ver la dedicación, la ética de trabajo y, sobre todo, el espíritu competitivo que trajo adelante en cada juego Entonces, si eres un novato en tu campo, o tienes nivel intermedio, mira a esa persona que es superior en el campo para inspirarte y usarlo como una competencia motivadora. Puede que no suceda de la noche a la mañana, o tal vez nunca, pero la competencia te hará mejor en tu oficio que si simplemente te quedaras solo. Cualquiera de quien puedas alimentarte puede ayudarte a esforzarte para dar lo mejor de ti.

11. Encuentra un equipo ganador

"Un gran trabajo en equipo es la única forma en que creamos los avances que definen nuestras carreras". -Pat Riley. Si no tienes un equipo, o al menos algún tipo de persona, que pueda unirse, será un desafío alcanzar tu punto máximo. Dependiendo de tu carrera, escribir, por ejemplo, es un trabajo solitario (generalmente), pero aún necesitas algo de tiempo de "equipo" para alcanzar el máximo potencial (como un editor). Si de hecho asciendes rangos en tu profesión de lobo solitario, al final del día, estarás en un equipo. Porque incluso un trabajo o personalidad de lobo solitario necesita comentarios constructivos de un equipo para alcanzar ese vértice. Francis Ford Coppola escribió el guión de El Padrino, pero también colaboró con Mario Puzo. Luego trabajó dentro de un equipo para encontrar a las mejores personas y contrató a Al Pacino y Marlon Brando. El matemático de la Segunda Guerra Mundial, Alan Turing, trabajó con un equipo para descifrar el Enigma del U-Boat de los nazis. Todos los trabajos, solos y en equipo, eventualmente conducen al trabajo en equipo y a las habilidades interpersonales. Entonces, sea cual sea la profesión que anhelas, aprender a trabajar en equipo es crucial para el macrocosmos de las cosas.

12. Investiga lo mejor

El hombre más malo de la planta, Mike Tyson, fue idolatrado por Muhammad Ali. Oprah Winfrey dijo que su inspiración fue Maya Angelou. Steve Jobs vio al empresario de Polaroid, Edwin Land, como su héroe. Cualquiera que sea tu modus operandi con tu carrera y tu vida, encuentra un faro de luz por el que luchar. Porque lo más probable es que haya alguien por ahí que hizo la misma profesión primero en el alto calibre que podrías seguir en tu plan de juego. Uno podría investigar no solo su carrera, sino también sus humildes comienzos (generalmente) para inspirarse. Existen innumerables libros de personas icónicas que ayudan a aprender de sus éxitos. Para los empresarios, se recomienda leer "Steve Jobs" de Walter Isaacson. O para los pintores, otra del mismo autor Leonardo da Vinci. Todo el mundo tiene una estrategia calculadora para ser mejor que nadie en su trabajo, incluso si no es una profesión en la que puedes encontrar inspiración sin explotar. Cada persona icónica tuvo que comenzar en algún momento desde abajo para alcanzar los rangos más altos de su carrera. El primer peldaño sería ir a tu librero, enfocarte y leer sobre ellos. Formula un plan de juego utilizando muchas de sus técnicas. ¿Simple? No. Pero Sí es posible. Si quieres ser un ganador, estúdialos.

13. **Orientado a objetivos todos los días**

Ser una persona con fuertes habilidades de toma de decisiones para el panorama general es un paso para cambiar de opinión. Mediante una planificación y organización meticulosa, teniendo conciencia de ti mismo, una gestión aguda del tiempo y una investigación y análisis detallados de tu objetivo, estás en el camino hacia la superación personal. Cualquiera que sea tu vida, astronauta, maestro, lo que sea, si uno planea con anticipación y poco a poco se dirige hacia esa meta, estarás mucho más cerca de lograr tu meta. Acercarte a tu elevada línea de meta requiere el uso de muchos métodos, pero una de las claves es la mencionada anteriormente. Ten una meta por delante y al mismo tiempo mantén una mentalidad optimista. No se trata de tener éxito de la noche a la mañana como si ganaras la lotería; es un sueño irreal. Se trata más de ir recto y estrecho hacia una meta día a día; y mantén en cuenta cuando se presenten altibajos y dificultades para lograr los objetivos, las palabras de Jerry Seinfeld: "Mantén la cabeza alta en el fracaso y la cabeza baja en el éxito".

14. **Ama/sé apasionado por tu trabajo**

Encontrar algo que realmente disfrutes ayuda en el camino para lograr tus sueños. Todo el mundo ha tenido trabajos que no les gustan, y en esos trabajos es más difícil encontrar un crecimiento significativo. La diferencia es la pasión. Tener una fuerte pasión o creencia por algo es lo que te impulsa a alcanzar tus objetivos. Si eres una persona a la que no le gusta escribir, por ejemplo, puedes usar un poco de pensamiento positivo y aprender a disfrutar a veces de los esfuerzos robustos de la escritura. Encuentra una profesión que te apasione y que será el gran trampolín para avanzar.

15. **Ser agradecido**

Agradece lo que tienes y presta atención a lo que otros no pueden tener. Tener un sentido de amabilidad y ser una persona respetuosa solo ayuda a reducir algunas variables imprevistas: la hostilidad. Lo cual, en efecto, puede causarte estrés y luego, en una reacción en cadena, distraerte de tus objetivos finales en la vida. Ser una persona negativa sobre lo que tienes y de las personas que te rodean tendrá el efecto contrario en tus objetivos anhelados. El simple hecho de ser agradecido por lo que tienes y tener una actitud benigna con las personas que te rodean puede ayudar a construir relaciones y puede hacerte más feliz y también ayudarte a apuntar hacia tus metas.

16. **Dureza**

Alcanzar las metas es un largo camino por recorrer. Lo que se necesita es vigilancia y determinación trabajando mano a mano.

Cada vez que hay algo que te desequilibra, ten un plan de contingencia que incluso si las cosas se vuelven locas, tienes una manera de seguir avanzando hacia tus objetivos. Hay muchos obstáculos que uno tendrá antes de que finalmente lo logremos, pero es cuestión de tener el coraje y la convicción de saltar continuamente esos obstáculos, sin importar cuántos sean; que es lo que distingue a los ganadores de los perdedores. Muérdete el labio inferior y resiste soldado.

17. **Encuentra una luz que te guíe**

Todo el mundo tiene algún héroe. Ya sea Pablo Picasso, Martin Luther King u Oprah Winfrey. El comienzo más humilde del héroe se mezcla con grandes logros y una notable fuente de inspiración. Si tienes el deseo de convertirte en el próximo gran compositor, probablemente te aconseje estudiar a los grandes como Bob Dylan y Stevie Wonder. O tu inspiración en la vida puede ser alguien que conozcas personalmente, como un entrenador de vida o un padre. Es crucial para alcanzar los objetivos no solo que trabajes en ellos, que luches contra los altibajos y los zigzags, sino que también tengas una fuente significativa de inspiración para usar como luz de guía en la oscuridad.

18. **Mantente en forma, mantente saludable**

Tu destreza física se correlaciona directamente con tu agudeza mental. Mantente en excelente condición física, o al menos lo mejor que puedas en tu situación; comer bien o en exceso puede tener una causa y un efecto directos en tu capacidad para crecer y acercarte mucho más a la cima de esa montaña. Si tu cuerpo no funciona exactamente a toda máquina, tienes una mentalidad de supervivencia defensiva y es más difícil para una persona retener nueva información, y mucho menos tener la motivación para adentrarte en aguas turbias y aprender cosas nuevas. Intenta cuidar bien tu cuerpo y lo que pones en tu cuerpo, ya sean sustancias nocivas, alimentos procesados o demasiada carne roja, y puedes tener una ventaja y ayudar a tu mente. Como nota final: la dieta mediterránea, además del ejercicio, es una buena opción para mejorar la salud.

19. Leer libros

En una encuesta de Pew Research del 2021, encontraron que el 38% de los adultos hispanos, el 25% de los adultos negros y el 20% de los adultos blancos no han leído un libro de ninguna forma en el último año. Esas cifras son casi el triple de las de 1978. Entonces, si estás buscando obtener una ventaja sobre tu competencia en la fuerza laboral y, naturalmente, mejorar tu mente y tus habilidades de pensamiento crítico, lee libros. No solo guías útiles sobre neuroplasticidad y desarrollo cerebral, sino de todo tipo. Desde leer sobre la Guerra de Ucrania o el libro de Stephen King o el libro de Tony Robin, todo esto se relaciona con el desarrollo de tu mente como un maestro que dirige la orquesta. A través de Imágenes de Resonancia Magnética se ha demostrado que cuando aumenta la capacidad de lectura del cerebro, la maduración del cerebro y los circuitos se vuelven más fuertes y obviamente más sofisticados. Por otro lado, se reveló que las personas que no leían tenían menos materia gris en el cerebro. Diversos estudios encontraron una relación entre el nivel literario y la materia gris y blanca del cerebro. La moraleja de todos estos datos y porcentajes médicos es que si buscas desarrollarte verdaderamente, sigue todas las cosas antes mencionadas pero lee, lee y lee.

20. Reducir/Eliminar el Alcohol

Según el instituto nacional de abuso de alcohol y alcoholismo, hay efectos dañinos en el cerebro además de la cirrosis hepática bien conocida. Beber demasiado alcohol puede dañar tu memoria después de solo unos pocos tragos. Beber demasiado durante un período prolongado debido al alcoholismo puede tener efectos persistentes en el cerebro. Se informa que el 80% de los alcohólicos experimentan el trastorno Wernicke donde tienen una deficiencia de tiamina, también conocida como vitamina B. Lo que esto hace es causar confusión y parálisis de los nervios. Más del 80 o 90% de los alcohólicos desarrollan el Síndrome de Korsakoff, que es problemas de coordinación, para caminar y, por último, problemas de memoria. A través de técnicas de imágenes cerebrales, la investigación ha demostrado que en los alcohólicos es difícil el crecimiento de nuevas células cerebrales. El giro positivo de todo este pesimismo: según ellos, un año de abstinencia muestra cierta mejora de estos efectos persistentes del alcoholismo. Por supuesto, hay otras sustancias, marihuana y todas las drogas duras. Pero la investigación muestra que todo esto le está haciendo algo al cerebro que obstaculizará tu capacidad para hacer crecer tu mente.

2.2 Resumen

Si quieres ser los próximos Serena Williams, Tom Brady o LeBron James, pon sangre, sudor y lágrimas y cree que tienes la capacidad de ser grande. Hay muchas referencias a los atletas deportivos en este capítulo, y la razón de esto es que para que ellos ganen, tienen que superar la adversidad de los vaivenes y el ímpetu del juego. En cada competencia, uno debe tener confianza en el juego y la capacidad de superar la posibilidad de perder o de remontar para ganar. Y para sellar la victoria, debes tener un enfoque afilado y la capacidad de seguir adelante, incluso si parece un juego perdido. Si piensas que es un juego, donde a veces ganas, a veces pierdes, pero sigues adelante a través del pensamiento positivo... entonces ya formulaste una mentalidad de ganadores.

Capítulo 3: Convierte lo Negativo en Positivo

El neurocientífico Rick Hanson escribió en su libro El Cerebro de Buda, una gran analogía para esta extraña cualidad de la mente. "Tu cerebro es como el velcro para las experiencias negativas y el teflón para las positivas. El simple hecho de cambiar tu mente de un marco negativo a uno positivo puede ser una verdadera diferencia entre lograr una gran entrevista de trabajo o simplemente estar demasiado nervioso y sin confianza para conseguir una. Una de las lecciones de vida que uno podría aprender de esa declaración es que en todas las fases de la vida si conviertes la negatividad en energía positiva, esta gobernará los patrones de pensamiento negativos. Existe muchas técnicas que podrían ayudar a controlar el torbellino de preocupación negativa crónica por los pensamientos oscuros que tenemos. Tener pensamientos oscuros que dominen tu forma de pensar te impedirá crecer para alcanzar tu máximo potencial. Según el psicólogo Scott Bea, PsyD, existe una correlación entre los patrones de pensamiento negativos y problemas mentales como el trastorno obsesivo-compulsivo, la ansiedad, la depresión y la preocupación crónica. Los adolescentes, en particular, se ven afectados por el pensamiento negativo habitual, por lo que si a un hijo o hija se les enseña cómo dar la vuelta al barco pronto, podría darles una juventud más feliz que se convertiría en una mejor adultez. La moraleja del factoide: los pensamientos negativos desencadenados pueden volverte loco.

El otro gran elefante en la habitación: es la pequeña cosa llamada sesgo de negatividad. Hace ciento veinte mil años, era bueno tener esto cuando los hombres cazaban con lanzas para buscar alimentos o cuando eran perseguidos por un rinoceronte. La negatividad en el mundo moderno, donde tienes las necesidades a tu disposición ya no tiene mucho sentido. Es probable que si compraste este libro, significa que no es necesaria tanta negatividad para tu supervivencia. ¿Quieres un poco más de motivación para aplastar esos pensamientos negativos? Qué tal esto. Del año 2004 al 2012, la Universidad John Hopkins hizo un estudio con setenta mil mujeres publicado en el American Journal of Epidemiology donde descubrieron que si tienes una actitud más alegre, más optimista, tienes un riesgo significativamente menor de morir por las principales causas de muerte prematura.

Cosas como:

- Enfermedad del corazón
- Accidente Cerebrovascular
- Cáncer (incluidos los cánceres de ovario, pulmón, mama y colorrectal)
- Infección
- Enfermedades respiratorias

Algunos otros beneficios de simplemente dibujar esa sonrisa y tener un marco más positivo son:

- Mejora la calidad de vida
- Tienes niveles de energía más altos
- Mejora la salud psicológica y física
- Tienes una recuperación más rápida de una lesión o enfermedad
- Menos resfriados
- Índices más bajos de depresión
- Mejor manejo del estrés y habilidades de afrontamiento
- Una vida más larga

Tener una perspectiva del lado más alegre de las cosas hará que tu cerebro aprenda mejor, pero también se adaptará mejor a la nueva información y obviamente, te hará más feliz. En tu amígdala y sistema límbico en el cerebro, estás programado para notar amenazas. En estos tiempos prehistóricos del hombre primitivo, nuestros cerebros trabajaron duro para tener el máximo enfoque para no ser atravesados por un toro salvaje. Pero en los siglos que han pasado, los peligros del uso son más triviales como perder un trabajo, la novia está enojada, quizás los Chicago Bulls perdieron varios juegos, no encuentras el teléfono o cosas más serias como un problema de salud. Pero en términos generales, no hay ninguna diferencia si estás estresado o no, por las cosas que te preocupan. ¿Prueba? Según una investigación de la Universidad de Cornell, el 85% de las preocupaciones nunca suceden. Del 15% de las preocupaciones que eran realidad, el 79% de las veces las personas manejaron esas situaciones. Esto se traduce en este número contundente: el 97% de nuestras preocupaciones no tienen sentido. En estos tiempos, tenemos 50.000 pensamientos e imágenes cada día. Entonces, ¿qué se puede hacer para ayudar a pastorear a los pensamientos que son oscuros para que uno pueda cambiar de opinión? Mediante un progreso medido y notando cuando estás rumiando en una red de pensamientos malhumorados, puedes mejorar tu psique. Estos son algunos consejos cruciales para ayudar a comandar ese tipo de pensamiento en el peor de los casos o, en términos médicos, distorsiones cognitivas.

3.1 Pasos sobre Cómo Convertir lo Negativo en Positivo

1. Mentalidad positiva: existe esta cita del filósofo griego Heráclito: "Día a día, lo que eliges, lo que piensas y lo que haces es en lo que te conviertes". Así, tus pensamientos controlan el destino. Si te construyes con un marco positivo y

abordas la negatividad con una psique positiva, puedes superar obstáculos más rápido y convertirte lentamente en una versión más idealizada de ti mismo. No es solo comenzar a hacer mucho trabajo físico u horas en la oficina o en un gimnasio, sino que se deriva de una mentalidad de pensamiento positivo. Eliminar el diálogo interno negativo. Una de las cosas que esto también hace es ayudar a reducir el estrés. Hay una letanía de cosas que provienen simplemente de ver las cosas de forma positiva. Según la Clínica Mayo, mejora una variedad de cosas en tu vida. En primer lugar, una mentalidad positiva aumenta la duración de la vida y disminuye la depresión/angustia/dolor. Las células asesinas naturales de tu cuerpo han desarrollado una mayor resistencia a las enfermedades. La parte obvia, tendrás una mejor salud de cuerpo y mente, evitando enfermedades cardiovasculares y accidentes cerebrovasculares. Por último, reduce el riesgo de muerte por cáncer, afecciones respiratorias e infecciones. Probablemente hayas escuchado docenas de veces un refrán que tiene una verdad muy profunda si piensas en las ramificaciones psicológicas que tiene a largo plazo: "En lugar de ver el vaso medio vacío, ve el vaso medio lleno".

2. Rodéate de personas positivas: si tienes personas a tu alrededor que te arrastran hacia abajo, ya sea simplemente por no tener una meta, problemas de abuso de sustancias o simplemente personas tóxicas, entonces debes encontrar otro equipo. Si te rodeas de personas que pueden levantarte, deja a un lado tus egos e inseguridades, y verás que pueden ayudarte a ser una persona más feliz y tal vez a cumplir tus metas. Evita juntarte con personas de mente estrecha y busca personas de mente abierta. Hay un dicho que dice: "Dime con quien andas y te diré quién eres". Ese dicho suena cierto. Aquí

hay una cita del orador motivacional Tony Robbins: "Si nos rodeamos de personas exitosas, que avanzan, que son positivas, que se enfocan en producir resultados, que nos apoyan, nos desafiarán a ser mejores, a hacer más y a compartir más. Si puedes rodearte de personas que nunca te permitan conformarte con menos de lo que puedes ser, tienes el mejor regalo que cualquiera puede esperar". -Tony Robbins

3. Se consciente del caldo de pensamientos negativos: Emily K Lindsay, es investigadora de doctorado de la Universidad de Pittsburgh, y John David Creswell de la Universidad Carnegie Mellon es otro investigador que estudia la atención plena. Los dos crearon el MAT, Modelo Monitoreo y Aceptación que se trata de estar atento a los pensamientos que tenemos y ver hacia dónde nos llevan. Aunque según su investigación, en realidad no vas a detener los pensamientos negativos. Lo que hace es que te ayuda por medio de la meditación a remediar la situación llevándola a la normalidad más rápido. Entonces, cuando estés mentalmente atascado, estudia buenas técnicas de meditación o ejercicios de respiración para ayudar a disminuir esos síntomas. Lo primero que hay que aprender: reducción del estrés basada en la atención plena.

4. Escribe un diario: lo que esto hace es que, en lugar de estar plagado de pensamientos negativos de otras cosas, escribe con tus propias palabras las cosas positivas que suceden en tu vida. Puedes tener un diario positivo de cosas por las que estar agradecido. La otra opción es lo que Abraham Lincoln llamó letras calientes. Donde escribiría una carta enfadada llena de emociones, pero... no la enviaría. Lo que eso hace es liberarte de los pensamientos negativos. Así que tienes dos opciones que puedes hacer. Pero en términos de pensamiento positivo, el primer comienzo podría ser el diario de gratitud.

5. No todo lo negativo es culpa tuya: esto es básicamente cuando en situaciones de la vida difíciles y oscuras, te culpas a ti mismo. Pero no todo está bajo tu control, y es mejor no sacar conclusiones. Con solo tener un marco positivo de pensamientos y aprender a no culparte a ti mismo, tendrás una mejor colección de pensamientos positivos. Autoculparte durante cosas como un evento traumático es otra cosa que debes evitar y solo exacerbará tus pensamientos negativos y tu desarrollo personal.

6. No más catastrofismo: esto es cuando vas en un avión hacia el oeste y crees que el avión perderá ambos motores y se estrellará contra el Gran Cañón. Predices el peor de los casos cuando algo te empuja de tu pequeña y acogedora zona de confort. Lo que esto hace es que le das a tu mente y cuerpo un estrés indebido por actividades probablemente aleatorias y aburridas, pero que solo obstaculizan la forma en que puedes crecer (o la distancia que puedes viajar). Ponles un alto a esos pensamientos terribles, deja de sufrir y presenta un marco positivo de que es muy poco probable que suceda lo peor que podría pasar.

7. Cree en un escenario positivo: si estás lanzando un tiro libre en baloncesto y ya piensas que no va a entrar antes de tirar... probablemente no va a entrar. Pero si, incluso antes de lanzar, te dices a ti mismo que va a entrar... es más probable que entre la pelota de baloncesto. Es porque el pensamiento positivo lubrica los resultados positivos. Aprendes a confiar en ti mismo. Entonces, si tienes una gran cita, piensas positivamente y mantienes tu encanto, tal vez esa persona sea más receptiva para ti en la segunda cita. A esto se le llama: afirmaciones positivas. Cuando tus pensamientos se desvíen,

tráelos de nuevo con un refuerzo positivo. Puedes recordar que en los deportes antes de la gran jugada, un jugador murmura para sí mismo: "Lo tengo ganado". Eso es un diálogo interno positivo. Ser tu propio Phil Jackson personal para todas las cosas de la vida.

8. No todas las cosas en la vida son blanco o negro: no todo es tan limpio y tampoco donde una cosa es perfectamente buena, la otra es totalmente mala Si no obtienes un puntaje perfecto en una prueba de álgebra, no significa que no seas inteligente y merezcas una F. Otro ejemplo más personal, sería que si olvidas el cumpleaños de un amigo, entonces ya eres un amigo terrible. Ese es solo un salto extremo que uno podría contrarrestar con pensamientos como "cometí un error". Dentro de este mundo, hay varios tonos de gris, y no todas las cosas son de color blanco y negro, aprende a bloquear los extremos más duros. El progreso se trata de movimientos constantes hacia una meta elevada. Se necesita mucho tiempo para dar pasos incrementados antes de llegar a la Tierra Prometida que uno desea.

9. La risa es la mejor medicina - ¿Tus intereses en la vida se encuentran en el lado oscuro de las cosas del terror y la política? Bueno, contrasta ese interés con una risa. Según la Biblioteca Nacional de Medicina, los empleados que recibieron capacitación basada en el humor ayudaron a reducir la ansiedad. Hay otros beneficios para la salud que los estudios han encontrado, como reducir la depresión y mejorar la autoestima y las habilidades de afrontamiento. Según la Clínica Mayo, también estimula los órganos, calma la tensión, alivia el dolor, mejora el sistema inmunológico, mejora el estado de ánimo y ayuda a la satisfacción personal. Si estás atrapado en el fuego cruzado de las turbias aguas de la vida, comienza a ver

o escuchar comedia para ayudarte a abordar esa voz negativa en tu cabeza. Uno de los hechos más interesantes: incluso si no estás de humor para reír, no lo siente ese día, imitar la risa puede ayudar a reducir tu tasa de estrés.

10. Toma nota mental de los pensamientos negativos - El 23 de julio de 1993, en Carolina del Norte, el padre de la superestrella de la NBA Michael Jordan, James, murió en un robo en un SUV. Durante su documental 'Above & Beyond' de la temporada de la NBA 1995-1996, Jordan habla sobre cómo su padre le enseñó a convertir lo negativo en positivo. "Fue un momento realmente difícil para mí. De alguna manera, mantuve la cabeza en alto. Pensé en todas las cosas que solía decirme. Convierte lo negativo en positivo. Y aquí estaba yo lidiando con él de esa manera. Fue difícil." Ese mismo año ganaría el premio MVP, el título goleador, el MVP All-Star y el campeonato de la NBA. Lo que hizo: luchó contra los pensamientos negativos y los usó para recargarse. Una vez que llega un pensamiento negativo, no dejes que arruine tu día, sino intenta liberarlo de tu mente.

11. Reformula los pensamientos negativos: si tus pensamientos negativos son como un disco rayado, que se repite, se repite y se repite, entonces aprende a reformularlos. La Administración de Servicios Médicos de Salud y Abuso de Sustancias, patrocinado por El Departamento de Salud y Servicios Humanos de Estados Unidos formuló esta guía útil para aumentar los pensamientos negativos con un giro positivo: "Desarrollando la Autoestima - Una Guía de Autoayuda" (folleto SMA-3715) de aquí diseñaron esta tabla de información:

Pensamiento Negativo
Pensamiento Positivo

Yo No Valgo Nada
Soy Una Persona Valiosa.

Nunca He Logrado Nada.
He Logrado Muchas Cosas.

Siempre Cometo Errores.
Hago Muchas Cosas Bien.

Soy Un Idiota
Soy Una Gran Persona

No Merezco Una Buena Vida.
Merezco Ser Feliz Y Saludable.

Soy Estúpido.
Soy Listo.

12. Imágenes Visuales para Eliminar los Pensamientos Oscuros - Hay muchas maneras de deshacerse de ese caldo de pensamientos negativos. Según la Biblioteca Nacional de Medicina, las personas con una mente entusiasta en imágenes visuales tienden a utilizarla para el desempeño de la memoria. Pero no solo eso, usar una imagen en tu cabeza que te traiga calma como un gatito, canguro, o ese primer beso, es una buena manera de limpiar la mente de las cosas oscuras que rondan tu psiquis. La otra cosa que esto puede hacer: no fortalece la imaginación y la capacidad de retener información.

13. Concéntrate en lo que genera exactamente tus pensamientos negativos: lo más probable es que lo que tengas en mente que

sea negativo no haga ninguna diferencia en el resultado de lo que suceda. Y, lo más probable es que ni siquiera suceda. Así que localiza qué es exactamente lo que está causando el pensamiento negativo y busca guardarlos en los sótanos de tu mente para que no te distraigan. Si te sientes condenado y triste y tienes un gran trabajo nuevo, reconoce que esos sentimientos negativos solo te impedirán hacer el trabajo. O si cada vez que haces un gran viaje por carretera te pones nervioso, recuerda que cada vez que hiciste un viaje por carretera todo salió bien. Lo que sea que te esté molestando, concéntrate en ello por un momento y date cuenta de que es contraproducente.

14. Energía positiva Energía no verbal: Albert Mahrabian, un investigador armenio, estudió el lenguaje corporal. Su investigación encontró que el cincuenta y cinco por ciento es no verbal, el treinta y ocho por ciento es vocal y el siete por ciento son palabras. Esto significa que comuniques energía positiva y busques rodearte de personas con igual energía positiva para la propia confianza en ti mismo. El simple hecho de comunicarte de manera más positiva, incluso con tu lenguaje corporal, tu forma de andar y tu postura, puede ayudar a cuidar tu espíritu sombrío. Los neurotransmisores como la serotonina, las endorfinas y la dopamina, todas las intromisiones positivas en el cerebro, pueden activarse haciendo una simple cosa: sonreír. Mira, cuando sonríes, tu mente libera moléculas que se llaman neuropéptidos. Lo que hacen: pueden ayudar a evitar la ansiedad. Crea un efecto dominó haciéndote sentir mejor y también ayudándote a conectarte con las personas a partir de esa señal no verbal. La moraleja de esta historia es que si tienes el ceño fruncido, bueno... intenta darle la vuelta.

15. CBAE: si tu mente se vuelve negra, recuerda esto: C.B.A.E. Si después de esto sigues teniendo pensamientos negativos, hay un último consejo. ¿Alguna vez quisiste algo simple, tal vez para un niño o adolescente, para recordar y evitar la auto culpa? Bueno, toma en cuenta estas siglas.

C- Culparme a mí mismo;

B - Buscando las malas noticias;

A - Adivinando infelizmente;

E - Exageradamente negativo.

3.2 Resumen

Estos son algunos consejos obvios para ayudar a mejorar el proceso de pensamiento de una persona. Pueden mejorar la positividad en tu mente, los logros y la autoestima. Si eres una persona atrapada en un lugar realmente oscuro en la vida y estás pensando en hacerte daño a ti mismo o a otros, comunícate con un consejero de inmediato y podrás cambiar tu vida. La conclusión de este segmento del libro es que la clave para apagar los pensamientos negativos es atraparlos y luego convertirlos en positivos.

Capítulo 4: Mentalidad de Crecimiento vs. Mentalidades Fija

La profesora Carol Dweck fue la psicóloga que inventó el término "mentalidad de crecimiento". Su estudio es sobre la motivación humana. También ganó el Premio APA por Contribuciones Científicas Distinguidas a la Psicología y, por lo tanto, sabe un par de cosas sobre simplemente expandir tus horizontes en tu psique. Lo que hizo fue encontrar las características distintivas entre una persona con una mentalidad de crecimiento y aquellos estancados en una mentalidad fija. La psicóloga Dra. Carol Dweck realizó varios estudios en estudiantes de secundaria para conocer sus cerebros y comprender las mentalidades antes mencionadas. Justo después de que salió Las Guerras de las Galaxias en 1978, hizo dos estudios con 130 niños de quinto grado usando una variedad de rompecabezas de nivel de dificultad. Algunos de los estudiantes aceptaron la dificultad y el fracaso y pensaron en los acertijos más difíciles como aprendizaje. Eran optimistas. Es en este punto que puso la frase "mentalidad de crecimiento" en el mapa de la psicología.

Este estudia las formas en que una persona con una mente abierta toma información, reflexiona en su cráneo y la usa para su superación personal. Luego está el abogado del diablo, la persona que lo rechaza y cree que las personas simplemente nacen con la capacidad y simplemente se quedan estancadas y no se desarrollan o... lo hacen a un ritmo muy lento. Es realmente la cuestión de la naturaleza versus la crianza. Estas características se establecen a una edad muy temprana y son tanto conscientes como subconscientes. Pero la verdad del asunto es que crecer tiene que ver mucho con la crianza. Simplemente estando en un marco mental de crecimiento, se cree que puede aumentar tu inteligencia y talentos usando una perseverancia intensa. Pero si tienes una mentalidad fija, según la Dra. Dweck, esos aspectos no se pueden desarrollar. Es como cuatro pies atascados en cemento, y no puedes moverte. Se solía pensar que el cerebro deja de crecer en la edad adulta, pero en realidad, el músculo de nuestro cráneo nunca deja de desarrollar neuronas. Siempre está cambiando su plasticidad. Pero en términos de una mentalidad de crecimiento, para mejorar y aumentar las habilidades, uno debe tener la tenacidad para ser temerario y audaz. Así que aquí hay un desglose rudimentario de la diferencia entre las dos mentalidades.

Mentalidad de crecimiento: el nombre se aplica exactamente a lo que es, pero hay más que eso. Es una gran cantidad de elementos en los qué profundizar pero la perseverancia es la clave. Es una creencia firme que tu inteligencia y habilidades mejoran con el trabajo manual. Es la voluntad de asumir un riesgo calculador para la superación personal, donde el fracaso es posible. Es una creencia que la sangre, el sudor y las lágrimas del trabajo manual conducirán a dominar la habilidad. Las personas dentro de este estado de ánimo también buscan modelos a seguir para modelar el curso de acción de ellos. Lo más importante: ven la retroalimentación como una forma de mejorar y es crucial para sus objetivos. Suscriben la idea del aprendizaje permanente. Una mentalidad de crecimiento permanece desnutrida ante el rechazo, pero sigue presionando con optimismo.

Mentalidad fija: estas son personas que ven que las personas talentosas simplemente "nacen" con capacidad de forma innata. Sus personalidades ven el fracaso como catastrófico, se avergüenzan, se revuelcan en la desesperación y se dan por vencidos fácilmente si no tienen todo el mazo a su favor. Les gusta eludir los desafíos para evitarlos. Ven el éxito de otras personas y les da una chispa de celos y los ven como una amenaza. La pequeña retroalimentación es como una vendetta personal contra ellos. Sus personalidades se rinden fácilmente con una actitud pesimista.

La psicóloga Dra. Carol Dweck también encontró otra interesante y jugosa información: los niños con mentalidad de crecimiento tenían un mayor rendimiento, eso es obvio. Sus mentes están abiertas; saben que el fracaso es un proceso de aprendizaje y pueden cambiar la estrategia. Descubrió que, en particular, los niños en ciencias y matemáticas tendrían una mejora notable en las calificaciones. Pero también encontraron algo más: las personas en un patrón de pensamiento de crecimiento tenían menos agotamiento, menos depresión, ansiedad y problemas psicológicos y problemas de comportamiento. Es decir, para tu sustento, tener una mentalidad de crecimiento para las cosas llamadas vida es para tu bien. La Universidad de Groningen creó esta tabla útil sobre qué observar para salir de los grilletes de la Mentalidad Fija.

Situación
Enfoque de mentalidad fija
Enfoque de mentalidad de crecimiento
Obtienes una calificación muy alta en un examen.
¡Grandioso! Debo ser muy inteligente en esta área.
¡Grandioso! Debo haber trabajado duro y aprendido mucho.
Estás comenzando una nueva tarea o proyecto
Espero que esto sea fácil para mí.
¡Espero que esto sea interesante!
Recibes comentarios negativos sobre tu trabajo.
¡Oh, no! Esto prueba que no soy bueno en esto
De acuerdo, necesito volver al trabajo y aprender más.

Como autor del libro, uno tiene que suscribirse naturalmente a la noción de una mentalidad de crecimiento. Esta profesión requiere un constante proceso de aprendizaje, nuevas palabras, nuevos temas, nuevas imágenes y una buena dosis de fracaso. Esa es la naturaleza de lo que es ser un escritor. Pero esa mentalidad es una gran mentalidad para todas las profesiones.

Hay una parte del libro en la que expandirás tu neuroplasticidad y aprenderás un poco acerca de la jerga significativa: por favor gente no médica ténganme paciencia. La Biblioteca Nacional de Medicina descubrió usando hipnoterapia y neuroimagen que las personas con mentalidad de crecimiento son más activas y se enfocan más en el proceso de hacerlo... en lugar del adulto final. También descubrieron que son más propensos a cambiar de rumbo. Todas son actitudes clave para el desarrollo.

4.1 Pasos para entrar en una mentalidad de crecimiento:

Una persona puede cambiar su arduo trabajo y determinación. La neurociencia revela que tu cerebro es maleable. Cambia su plasticidad a través de experiencias e información. También fortalece las conexiones, pero en el mismo instante, crecen otras nuevas. También revela que las neuronas crecen constantemente en el cerebro. Esto significa en términos sencillos: puedes cambiar. Entonces, la pregunta del millón es, ¿cómo se convierte uno en una persona con mentalidad de crecimiento? Aquí hay algunos principios básicos para fomentar el crecimiento.

1. Determina cuál es tu mentalidad

A juzgar por el hecho de que compraste un libro sobre cómo hacer crecer tu mente, es probable que tengas una mentalidad de crecimiento. Pero si no, mira hacia adentro, a tus pensamientos y tal vez al pesimismo que puedas tener, y determina qué tienes, una mentalidad Fija o de Crecimiento. En cuanto a tus preguntas, cómo podrías hacer esfuerzos de cálculo para mejorarte a ti mismo. Uno de los otros grandes beneficios de estar dentro de una mentalidad de crecimiento es la capacidad de ingresar a nuevos campos a través de la pura fuerza de voluntad y la apertura mental.

2. **Comprende el "todavía"**

No eres un _______... todavía. Piensa en el poder de esa palabra. Podrías obtener un fracaso increíble desde todos los ángulos, pero puedes decirte simplemente que tienes una oportunidad de luchar para la próxima vez. También reconfigura tu patrón mental para verlo más como un juego a largo plazo, que como una victoria a corto plazo. La psicóloga pionera antes mencionada en este marco mental, la Dra. Dweck, mencionó en su conferencia TED cuán poderosa es la palabra Todavía. Entonces, si tienes una serie de obstáculos, mala suerte, dite a ti mismo "todavía no" cuando estés buscando alcanzar tus objetivos. Trae un grado de optimismo de que tu objetivo todavía está a tu alcance.

3. **Disfruta del proceso**

Independientemente de lo que estés tratando de hacer, si aprendes a conversar contigo mismo de alguna manera para disfrutarlo, entonces tienes una mejor oportunidad de mejorarlo. Simplemente aprende a apreciar el trabajo manual que se necesita, tal vez los contratiempos, y ve el proceso de una Mentalidad de Crecimiento como un gran juego de Nintendo donde las cosas no siempre funcionan a tu manera. Hay un dicho, "no se trata del destino... sino del viaje".

4. **Silenciar la voz de mentalidad fija**

Si tienes en la cabeza la voz de George Costanza de Seinfeld, esa actitud pesimista, aprende a silenciarlo. Esa voz negativa de distorsiones cognitivas dificulta tu capacidad de tener una mentalidad de crecimiento. Este patrón de pensamiento consume a una persona con negatividad y pesimismo. En pocas palabras: están secuestrando tu cerebro. Hay una variedad de formas de arreglar esta voz; la hipnosis es una de ellas. O simplemente ten en cuenta ese George Costanza interior en tu cabeza en todo momento. Dite a ti mismo: "Puedes hacer esto". En lugar de "No puedo hacer esto". Incluso si te quedas corto, es un proceso de aprendizaje y puedes intentarlo, intentarlo y volver a intentarlo.

5. **Toda la investigación dice que puedes**

Como se señaló a lo largo de este libro, los científicos médicos solían pensar que el cerebro no podía crecer, pero luego descubrieron todo lo contrario. Son datos científicos que prueban que, de hecho, puedes desarrollar tu cerebro a través de la neuroplasticidad. El primer capítulo cubre muchas técnicas sobre formas de reforzar la plasticidad cerebral que la misma información funciona para esta área. Aprende a salir de tu zona de confort, del mismo camino trillado. Ponte a prueba para tomar el control de tu cerebro un día a la vez.

6. **Comentarios constructivos**

Cada vez que produzcas algo, ya sea una nueva técnica de ventas, escritura, trabajo con Photoshop o una nueva versión inventada de césped artificial, obtén retroalimentación al respecto. Escucha a tus compañeros, a tus padres, a tus clientes o a quien sea que esté cerca de ti. A veces, las personas que son demasiado cercanas a ti pueden ser asustadizas para ofrecer la retroalimentación más directa que necesitas. Así que busca un perfecto extraño para ver qué piensa, y luego no te pongas a la defensiva... escucha. Luego, rediseña la estrategia, si es necesario.

7. **Sal de tu zona de confort**

Este es un eslogan que se repite constantemente sobre cómo cambiar de opinión. Se trata de apuntar hacia el crecimiento no tratado. Si no te gusta leer sobre ciencia médica, es difícil de aprender (por ejemplo), bueno, aprende sobre eso y tal vez pueda ser informativo. No solo con la información sino con la forma en que te mueves por el mundo. En lugar de andar en bicicleta alrededor del parque, aventúrate en la ciudad. Una pequeña cosa como esa, y repitiéndola, es cómo creces y cambias tu psique por tu propio bien.

8. **Comete errores**

Parte de salir de tu zona de confort es aceptar que sucederán errores. Pero si estás en una posición de mentalidad de crecimiento, entonces sabes que esos errores son oportunidades maravillosas para aprender y cambiar la estrategia. Nadie es perfecto, y ha habido muchos errores y fracasos a lo largo de la historia, pero el fracaso constante puede hacerte mejorar si aprendes a ajustar el rumbo y aprender. Se persistente y cultiva un Desafío.

9. **El fracaso es parte del proceso de crecimiento**

La capacidad académica no es la única vara de medir hacia dónde irás en la vida; también se trata de manejar el fracaso correctamente y una perseverancia constante. Esta es una cita memorable del legendario jugador de baloncesto Michael Jordan. "He fallado más de 9.000 tiros en mi carrera. He perdido casi 300 juegos. 26 veces han confiado en mí para hacer el tiro ganador y lo he fallado. He fracasado una y otra y otra vez en mi vida. Y es por eso que tengo éxito". Es el acto de intentarlo una y otra vez, y quizás fallar nuevamente, lo que distingue a los ganadores de los perdedores. Ve el fracaso como una práctica deliberada para el éxito final. Puedes ser un estudiante que obtiene F pero puedes obtener A en la vida con solo saber manejar el fracaso y lo que haces con él.

10. **Sé fanático de ti mismo**

Tan narcisista como suena, tienes que ser tu propio amigo si vas a aventurarte en aguas desconocidas donde el rechazo es posible. Tener sentimientos de autodesprecio solo exacerbará los altibajos obvios que suceden en la vida. Todo el mundo tiene deficiencias y lo importante es ser consciente de tus aspectos positivos. El mundo puede ser duro para ti, pero no lo seas también contigo mismo, lo que solo traerá una voz negativa en tu cabeza. Piensa en tus atributos positivos o en tus logros anteriores para mitigar la melancólica sensación de fracaso. Sé un fanático de tu trabajo, si está crudo aún, ve la parte positiva de él y también ve la parte positiva de ti mismo. Para tener una mentalidad de crecimiento, intenta desarrollar una disposición más optimista a través de todos los obstáculos de la vida.

11. Haz tareas de Ricitos de Oro

Estas son cosas que podrías hacer que no sean extremadamente difíciles, y tampoco son fáciles. Están justo fuera de tu zona de confort familiar y ofrecen un desafío. Así, si lo haces, no te rendirás, será un reto pero no agotador. Encuentra algo que puedas hacer que pueda expandir tu conjunto de habilidades para la mejora continua. Hacer suficientes de estos y nunca darse por vencido puede ayudarte a cambiar tu mentalidad hacia algo que promueva un crecimiento significativo.

12. **Ten metas**

Si tienes una mentalidad de crecimiento, intenta tener algún tipo de juego final en lugar de solo aprender y expandir tus horizontes. ¿La razón? Puede ser una fuerte técnica de motivación para encaminarte hacia adelante. Tal vez, adquiriendo una determinada puntuación en algún momento de la prueba. O bien, objetivo de ventas. O tal vez vender tu primera novela. O, de manera más realista, obtener una crítica positiva de alguien. Luego, si haces una lluvia de ideas sobre un objetivo realista y tangible, y visualizas el logro de ese objetivo en tu cabeza, ayuda a que se vuelva más real y posible. Solo asegúrate y recuerda establecer objetivos realistas y no ser multimillonario a los 25 o renunciar a esa mentalidad de crecimiento.

Para cerrar, estos son todos los pasos para este segmento. Estar en el estado de ánimo correcto también ayudaría a desarrollar habilidades empresariales donde el resultado es la reestrategia y ayuda con la resiliencia y a mantenerte conectado a tierra. Porque en esta cosa llamada vida, el péndulo oscila de diferentes maneras. Un grupo de empresas Fortune 1000 como Apple, GE, Bloomberg, Microsoft, Uber y Pinterest han utilizado su mentalidad para lograr un crecimiento empresarial positivo. Aquí hay algunos datos del estudio sobre por qué fomentar el crecimiento es primordial para las empresas del sector tecnológico. Esto es lo que encontraron sus datos:

- 47% más invertido en su trabajo
- 34% mayor compromiso con la empresa
- 47% más confianza en la empresa
- Un 49 % más cree que su empresa fomenta la innovación, que es esencial para el crecimiento.

Estos conglomerados de empresas como Apple y Microsoft han creado una cultura de crecimiento ilimitado. Donde los riesgos calculados son buenos y aprender del fracaso es esencial. Tener un enfoque de la vida con mentalidad de crecimiento te da agilidad mental para la innovación y es absolutamente crucial para cualquier emprendedor en ciernes. La Dra. Dweck comentó que centrarse en las personas que están motivadas por un desafío, trabajar con personas y querer crecer es más importante que el pedigrí. Si tu empresa se encuentra dentro de este patrón de pensamiento, podría ser un buen momento para obtener una ventaja competitiva en el mercado. Quizás el mayor error cometido por cualquier empresa que utiliza la mentalidad fija versus la mentalidad de crecimiento fue el 9 de enero de 2007, cuando Steve Jobs anunció el iPhone de primera generación. Fue un dispositivo histórico que cambió, bueno, el mundo entero (para bien o para mal). Tenía una pantalla táctil capacitiva, un navegador web similar a un escritorio, un iPod y una cámara. Fue la mayor ruptura en tecnología desde la computadora personal. Incluso los detractores tendrán que admitir que el iPhone cambió la industria de una sola vez.

Pero hay que tener en cuenta una cosa: las diferencias de mentalidad entre la reacción de Microsoft y la reacción de Google ante el cambio tectónico en el mercado tecnológico. En ese momento, Google estaba metido hasta las rodillas y trabajaban en su plataforma Android como algo más similar a un BlackBerry con un teclado que esperaban lanzar pronto, tenían prototipos que eran similares a Blackberry. Pero a la mitad de la presentación meticulosamente planificada de Steve Jobs, vieron que era claramente la próxima generación de teléfonos y el futuro. Google vio la presentación y se quedó anonadado. Desecharon sus imitaciones de Blackberry y se dedicaron directamente a fabricar un teléfono como un iPhone. Ese fue un ejemplo de una mentalidad de crecimiento. Por otro lado, está Microsoft. Eran en ese momento, el líder en el prometedor negocio de teléfonos inteligentes. El CEO de Microsoft, Steve Ballmer, desdeñó el iPhone. "¿Quinientos dólares? ¿Totalmente subsidiado? ¿Con plan? Dije que es el teléfono más caro del mundo". Luego dijo: "Y no atrae a los clientes empresariales porque no tiene teclado. Lo que hace que no sea una muy buena máquina de correo electrónico". dijo Steve Ballmer. Microsoft tenía el mercado bajo control, y claramente tenía una mentalidad fija. No buscaban hacer avanzar el teléfono al siguiente nivel, sino ser complacientes con su software Windows Mobile fechado instantáneamente... ese error hizo que Microsoft lanzara su teléfono Windows con pantalla táctil capacitiva demasiado tarde para el juego. Mientras tanto, debido a que Google tenía una mentalidad de crecimiento, vieron lo que deparaba el futuro; lanzaron Android dentro del año de lanzamiento del iPhone. En este momento, Android y iPhone están codo con codo en participación de mercado en los EE. UU., con el iPhone teniendo un poco de avance. Debido a que Microsoft lo lanzó demasiado tarde y tenía una mentalidad fija, su plataforma nunca ganó fuerza porque no tenía suficiente soporte de los desarrolladores. Como dijo Bill Gates con el software, "El ganador se lo lleva todo".

Esta es la razón por la que en los negocios es crucial tener una mentalidad de crecimiento y reconocer a la competencia y no despreciarla.

4.2 Resumen

Siendo una persona común, no un gurú de la tecnología multimillonario, y que solo buscas obtener una ventaja en la vida, estos pilares para mejorar tu mentalidad de crecimiento te ayudarán a florecer. Como con muchas cosas, si la situación es difícil, tienes que entrar en una fase de crecimiento para volver a la normalidad. Para comprender completamente la complejidad de esto, consulta el libro de Carol Dweck de 2006, Mentalidad: la nueva psicología del éxito. Donde cubrió con detalles intrincados cómo se topó con este descubrimiento y brindó información adicional sobre cómo puedes mejorar tu mentalidad cuando la situación es difícil o está bien. Todos estos elementos son una piedra angular de la superación personal.

Capítulo 5: Cómo conectar el cerebro y el alma para dominar la inteligencia emocional

Aristóteles escribió: "Algunos hombres . . . si primero percibieran y vieran lo que viene y primero se despiertan a sí mismos y a su facultad de cálculo, no serán vencidos por su emoción, ya sea agradable o dolorosa". La parte clave a sacar de eso: es la derrota por la parte emocional.

Durante siglos, desde el año 350 A. C., los psicólogos y los filósofos pensaron que la cognición y la emoción estaban separadas. Con la idea firme de que la emoción obstaculiza la productividad. Al igual que el Sr. Spock en Star Trek, es la emoción frente a la lógica del sonido. Si tienes emoción, te comprometes a ti mismo y a tu capacidad de pensar. Pero con el tiempo, los psicólogos aprendieron que están en el mismo dominio de comprensión; están interrelacionados y son esenciales para la formación de la empatía y la comprensión de uno mismo.

Entonces, ¿qué es la Inteligencia Emocional (EQ)? En una frase; es la percepción de tus emociones y las de los demás y luego la capacidad de facilitar el pensamiento crítico. En tres palabras: es la gestión de las emociones. Thorndike profesional en la era del jazz de la década de 1920, acuñó el término inteligencia social. La describió como "la capacidad de comprender y manejar a hombres y mujeres, niños y niñas, para actuar sabiamente en las relaciones humanas". Esta historia de la fase exacta de la inteligencia emocional fue iniciada en 1990 por John D. Mayer de la UNH y Peter Salovey de Yale, dos profesores de psicología. Lo que cubría su trabajo de investigación era presentarle al mundo lo que es la EQ. En términos simples, es la capacidad de comprender tus emociones y las de los demás de manera más eficiente. Es que la cognición y la emoción están conectadas, y uno puede discriminar un curso de acción a partir de ellas. Es la capacidad de comprender de manera compleja el bienestar emocional de las personas que se utiliza para mitigar el estrés, comprender a los demás y comunicarse, empatizar con los demás, superar tareas difíciles y disminuir los conflictos. Tener una comprensión precisa de las emociones simplemente te convierte en una persona más eficiente.

Una comprensión adecuada de EQ puede ayudarte con una variedad de cosas en la vida como los éxitos en el trabajo y la escuela, la carrera y la construcción de conexiones más fuertes con las personas al ser más empáticos con sus sentimientos. Si tienes la capacidad de comprender no solo tus propias emociones y cambiar de rumbo de manera inteligente, puedes hacer lo mismo con tu interacción con las personas para tomar decisiones más eficientes y astutas. Los cuatro pilares de EQ son los siguientes:

Autogestión: es controlar tus emociones y manejar tus sentimientos y los de los demás de manera positiva. Usar habilidades de pensamiento crítico para tomar la comprensión emocional inicial y la capacidad de adaptarte a partir de la comprensión. Es leer con atención las emociones. Esto también se llama inteligencia emocional autopercibida (PEI).

Autoconciencia - Es comprender los propios sentimientos y ver cómo los demás detectan esos sentimientos que expresas. Entender tu propio talón de Aquiles, tus debilidades, y tener seguridad en ti mismo al comprenderlas.

Conciencia social: en situaciones sociales, es ser una mariposa social y sentirte cómodo. Eres empático y te preocupas por las personas, y puedes captar las señales sociales. Puedes ver la estructura de poder de los grupos y ajustarla en consecuencia.

Gestión de relaciones: es ser un jugador de equipo que trabaja bien dentro de un grupo y puede mitigar los conflictos. Debido a las habilidades interpersonales y la empatía, fomentas relaciones sólidas. Para cada persona, eres un buen orador y, por eso, puedes inspirar a otros.

¿Por qué es tan importante la Inteligencia Emocional?

El ancestro común del hombre primitivo, los neandertales, tenían que preocuparse por cazar, encontrar refugio y las habilidades lingüísticas eran, en el mejor de los casos, primitivas. Pero miles de años después, un componente crucial es la comunicación y la comprensión de las personas. Según la Biblioteca Nacional de Medicina, los adolescentes mayores, las personas sin hogar y los adolescentes mayores sin hogar tienen coeficientes intelectuales similares, excepto que sus habilidades verbales son ligeramente menores. Puedes ser un estudiante ejemplar pero tener pocas habilidades sociales, y eso podría ser tu ruina al no entender cuán vital es la EQ. Si eso no te limita, aquí hay algunos otros puntos para inspirarte. La otra gran cosa a sacar de esto: según una investigación de la Biblioteca Nacional de Medicina, la EQ se relaciona con la felicidad y una EQ más baja está relacionado con ser intimidado en la escuela.

Desempeño profesional/ académico

Tu desempeño está entrelazado con tu comprensión de las emociones de las personas y cómo puedes cambiar en consecuencia. Primer ejemplo: entrevistas. La Inteligencia Emocional entra en juego en esa reunión cara a cara y muchas otras en las que un extraño te somete a escrutinio. Si tienes un conocimiento firme de la sensibilidad a los sentimientos, puedes interactuar mejor con las personas y crear vínculos. Cada vez que te entrevistan para un trabajo, te piden que hagas una prueba de computadora. Lo que están probando: tu personalidad e inteligencia emocional y cómo interactúas con los demás. En la posición de liderazgo, una inteligencia emocional alta se correlaciona con la efectividad organizacional.

Salud física: estar plagado de estrés y ansiedad afecta el corazón, la presión arterial y el sistema inmunológico. Las emociones autorreguladas pueden ayudarte a leerte a ti mismo y también a aprender a reducir las situaciones estresantes. Además, según la Biblioteca Nacional de Medicina, cuanto menor sea la EQ, mayor serán las posibilidades de fobias y autolesiones. El pensamiento crítico sobre tus emociones y los patrones de pensamiento cambiantes pueden ayudarte a vivir más tiempo. Entonces, ya sea que te encuentres en una situación personal de alto estrés o lidiando con una persona malhumorada, puedes usar Inteligencia Emocional y tratar de liberarte del estrés y preservar tu propio cuerpo...

Salud mental: tu mente y tu cuerpo trabajan de la mano. Si eres una persona que continuamente encabeza situaciones de alto estrés, cuando puedes evitarlas puedes obtener mejores resultados, ahí es donde la EQ podría ayudar. Tener el conjunto de habilidades para dominar tus peores impulsos y comunicarte cuidadosamente con las personas puede ayudarte a no sufrir enfermedades mentales como la depresión. El simple hecho de no interactuar bien con las personas puede causarte depresión, y luego puedes caer aún más en una espiral descendente.

Relación: las personas pueden parecer complejas, sin importar su género. Tener una comprensión firme de la comprensión de las emociones de las personas, por su lenguaje corporal, señales sociales menores, fluctuaciones en la voz o lo que realmente dicen, y cualquier cosa intermedia puede ayudarte a fomentar las relaciones. Sobre todo, te ayuda con tus habilidades para establecer contactos, que son cruciales para las personas en trabajos administrativos particulares, pero también es esencial para cualquiera que busque establecer conexiones metódicamente. La EQ juega un papel importante en el desarrollo de relaciones a largo plazo.

Inteligencia social: tener una comprensión precisa de tus emociones y las de los demás ayuda en situaciones sociales. Reuniones de empresa, interacción escolar, química de equipo, todo. Desarrollar una comprensión de la inteligencia social te ayudará a comprender con quién puedes conectarte y con quién no. Tener un grado de inteligencia de las emociones de las personas en las reuniones sociales puede ayudarte a interactuar, reducir el estrés y encontrar el amor y prolongar las conexiones.

¿Cómo desarrollar tu Inteligencia Emocional?

Como dijo una vez Mahatma Gandhi: "Habla solo si mejora el silencio". Si deseas desarrollar tu inteligencia emocional, uno tiene que comenzar a usar habilidades de pensamiento crítico para comprender sus propias emociones y las de los demás y luego aprender a cambiar. Aprende a calmar las situaciones de conflicto y libérate del estrés. Comprende tu psique y cómo la emoción y el juicio van de la mano en cada interacción social que tienes. Busca desarrollar tus habilidades sociales, quizás escucha más si eres una persona que habla mucho y aprende a ser empático con cada encuentro que tienes con una persona. Escucha los ritmos de las conversaciones, el lenguaje corporal, el tono de voz, los temas y cómo puedes interactuar con las personas de manera más breve. Aprende a ser simpático con otras personas.

Aquí hay algunas cosas que debes buscar para desarrollar tu Inteligencia Emocional:

Autorregulación

Escenario: En un juego de baloncesto improvisado, un jugador señala una falta que no parece ser una falta en absoluto.
EQ más alta: escuchas y estás de acuerdo con la falta de una manera de ver el panorama general de que es solo un juego de baloncesto. La relación con el equipo es importante.
EQ más baja: Te enfureces y lanzas la pelota de baloncesto al jugador y creas una situación incómoda para todos en la cancha.

Empatía

Escenario: Una novia no está feliz de que olvides su cumpleaños y ni siquiera le hayas dado una tarjeta.
EQ más alta: Le das una razón legítima y te disculpas. Lo compensas haciendo algo especial por ella.
EQ más baja: la ignoras y no comprendes por qué una mujer debe recibir una tarjeta en su cumpleaños y no comprendes su sensibilidad por las tarjetas de regalo.

Conciencia de sí mismo

Escenario: Estás en una reunión de la empresa fuera del horario laboral y hay un código de vestimenta.
EQ más alta: usas exactamente lo que se supone que debes usar y buscas interactuar con los demás. Rara vez usas tu teléfono.

EQ más baja: usas algo que se supone que no debes usar, permaneces rebelde del grupo y juegas con tu teléfono de una manera ensimismada.

Motivación:

Escenario: Estás buscando publicar un libro sobre cómo cambiar de mentalidad

EQ más alta: te esfuerzas por superarlo, escribes un libro útil y estás agradecido por todo lo que sucede.

EQ más baja: Te das cuenta de que escribir un libro es difícil y puede que no sea un éxito de ventas del New York Times.

Habilidades sociales:

Escenario: Tienes una entrevista de trabajo mañana para ser ingeniero de software en Apple.

EQ más alta: haces contacto visual, estrechas la mano con firmeza, respondes bien a las preguntas y sonríes con frecuencia.

EQ más baja: No haces contacto, tienes un apretón de manos débil y respondes preguntas de manera no eficiente y tienes una expresión severa.

5.1 Pasos Para Construir Inteligencia Emocional

1. Se extrovertido y asertivo

Si tienes una personalidad tímida, trata de ser asertivo y salir de tu caparazón, extendernos para hacer conexiones tangibles con las personas. En lugar de ser la persona parada en la esquina, entra al grupo y hable. Empieza con pasos pequeños y trabaja para avanzar. Practica la comprensión de las señales no verbales y la modulación de tu voz para mostrar expresión. Busca salir de tu caparazón y armonizar con un grupo. Cultivar, creando más conexiones.

2. **Manejar los conflictos con facilidad**

Las personas con una alta Inteligencia Emocional saben cómo manejar los conflictos. A veces se trata solo de mantener la voz suave y el lenguaje corporal sereno. Aprende a manejar cada encuentro estresante como un acertijo cuya respuesta debes resolver. Entiende que a veces quieres una resolución, pero otras veces es mejor alejarse sabiendo que es imposible comprometerse con la persona. Elige sabiamente tus batallas y lo más probable es que, a menos que sea una cuestión de vida o muerte, ninguna batalla sea la mejor alternativa.

3. **Se un oyente experto**

"El cambio ocurre escuchando y luego iniciando un diálogo con las personas que están haciendo algo que no crees que sea correcto". – Jane Goodall. Muchas personas con una baja Inteligencia Emocional solo escuchan a medias lo que dice la otra persona, esperan a que la persona deje de hablar y luego hablan. Si uno ralentiza las cosas para tener una verdadera relación con el otro y lo que está diciendo, esto puede crear un vínculo con ellos. Muchas personas simplemente no reciben toda la atención. No solo eso, la persona debería gustarte más si escuchas con los oídos bien abiertos.

4. **Estar motivado**

Las personas que tienen una inteligencia emocional a toda máquina proponen tener una meta que podría energizarte a lo largo del día. Busca varias metas que podrías tener, no solo una. A veces, el crecimiento proviene de incrementos, altibajos, pero uno debe mirar el panorama general para ver el progreso. Usa la inteligencia emocional para entender tus emociones cuando las cosas no funcionan como quieres.

5. **Practica tener un estado de ánimo positivo**

Si tienes una actitud positiva al interactuar con las personas, ya sea con una sonrisa, un tema o un lenguaje corporal, puede ser contagioso y atraer a las personas hacia ti. Simplemente tener una perspectiva positiva te ayuda a aprovechar las conexiones y desarrollar un crecimiento aún más positivo. Comprender que tu lenguaje corporal es más de la mitad de tu comunicación con las personas... y muchas personas pueden ver si estás en el espectro positivo o negativo por tu lenguaje corporal. Mantén un espíritu optimista en todo momento. El vaso está medio lleno, recuerda.

6. **Conciencia de uno mismo**

Las personas emocionalmente inteligentes conocen la vibra que están emitiendo y pueden cambiarla. Si estás teniendo un mal día, se consciente de ti mismo para tratar de no proyectar eso, y se alegre, o alejarás a las personas de ti. Todo el mundo tiene un mal día, pero la forma en que lo manejas es la diferencia entre una Inteligencia Emocional alta o baja. Si te das cuenta de que vas a a salirte de las casillas, regresa para ayudar a fomentar las conexiones y mitigar la alienación. Tener conciencia de las propias faltas y buscar corregirlas mediante la práctica.

7. **Maneja la retroalimentación con gracia**

Todo el mundo (probablemente) ha obtenido una puntuación que desearía no haber obtenido nunca. Duele. Tal vez arrastra tu día al basurero. Pero cómo lo manejas dice mucho sobre tu personalidad. Lebron James perdió en las finales de la NBA dos veces antes de que ganara un campeonato de la NBA. También tuvo una serie de tropiezos en otras series. Lo que hizo fue mejorar y escuchó las críticas de los medios acerca de que no era lo suficientemente asertivo y necesitaba desarrollar un juego en el poste bajo. A través de pasos medidos y escuchando, mejoró. Así que incluso los grandes son criticados. El éxito en la vida proviene de cómo enfrentas el fracaso.

8. **Busca comprender los sentimientos de las personas.**

Cada persona tiene una historia diferente, y muchas personas están llenas de dificultades, y tal vez la gente nunca lo sepa. Si ves a una persona enojada por cosas triviales, probablemente haya una razón en su vida personal. Busca ver a las personas como libros con los que uno podría empatizar, incluso si son muy diferentes a ti. Busca leer los sentimientos de las personas usando Inteligencia Emocional y comparte puntos en común para ayudar a crear vínculos. Si encuentras a una persona ensimismada, intenta averiguar por qué. O viceversa.

9. **Desarrolla habilidades de liderazgo**

Los líderes tienen cierta confianza sobre ellos. Se hacen cargo, son asertivos, escuchan, tienen humor. Sus personalidades son audaces. Ese es el conjunto de habilidades que uno debe buscar desarrollar para utilizar completamente el entrenamiento de inteligencia emocional. Si eres una persona reservada que está demasiado absorta en la computadora, ten en cuenta que probablemente te llevará años desarrollar esa habilidad. Pero el camino comienza con un primer paso.

10. **Comprende el poder de las primeras impresiones**

La forma en que vistes, cómo te comunicas y tus rasgos faciales son algunas de las primeras impresiones que la gente obtiene de ti. Aprende a ser accesible y aprende a desarmar a las personas si puedes parecer intimidante. Ten en cuenta que la comunicación no verbal es más de la mitad de la comunicación y muchas personas son un poco tímidas, especialmente en ciertos campos.

Aprende a tener personas atraídas hacia ti por el sentido del humor y la sonrisa de mejilla a mejilla.

5.2 Resumen

Todas estas son las habilidades que pueden ayudarte a construir las bases para cambiar tu mente y también para desarrollar una alta inteligencia emocional. Como se señaló, no vas a ser exactamente una mariposa social y dominar la inteligencia emocional de la noche a la mañana. Para ser franco, puede llevarte años salir completamente de tu caparazón si eres una persona que lucha con la confianza en ti mismo. Pero con determinación, comprensión de la psicología humana, motivación continua y utilizando las enseñanzas de la inteligencia emocional... podrías estar bien encaminado.

Capítulo 6: Desintoxicaciones cerebrales naturales y cómo el sueño es un componente clave del aprendizaje

Existe la esperanza de vida, y luego la del cerebro. Lo que significa cuánto tiempo puede permanecer tu cerebro en el máximo rendimiento de la homeostasis. La información a continuación será sobre cuán vital es el sueño para mejorar la salud mental, y quizás el capítulo más importante de todo el libro sobre la salud del cerebro. Esta es la parte del libro donde el autor se secará para evitar remedios rápidos y drogas milagrosas. La razón principal es el hígado y los riñones, y algo llamado cuidado del sueño o desintoxicación. Dentro de tu cerebro se encuentra el sistema Glinfático, y el resto del sistema del cuerpo se llama linfático, sin la G. El Glinfático solo se nombró en el 2013 como el sistema nervioso central (SNC) de los vertebrados, una forma de eliminar los desechos. El término sistema glinfático fue inventado por Maiken Nedergaard, un neurocientífico danés. Sin querer ser tan técnico con tanta neurociencia, esto ayuda a reducir las proteínas solubles y los metabolitos y los desechos en tu cuerpo en estas cosas llamadas canales perivasculares (¡gran palabra!). El cerebro debe estar dentro de una forma de cavidad (el sueño también funciona) para eliminar los desechos potencialmente neurotóxicos de la mente para la homeostasis (cerebro saludable). Ayuda al cerebro a limpiar el tejido parenquimatoso (cubierta). Lo más probable es que esta información sea mucha para asimilar, pero no es tan difícil como parece. El cerebro es un músculo con fluidos y flujo sanguíneo y necesita restaurarse. Lo que nos lleva al tema del capítulo: la desintoxicación. Algunos de los problemas cuando tu cerebro está sobrecargado de trabajo y por los que necesitarías buscar un desintoxicación son los problemas de niebla mental (un síntoma del "Covid Largo"), fatiga y pérdida de memoria (todos los problemas comunes con las personas que tenían Covid-19) depresión, lesión en la cabeza, accidente cerebrovascular, adicción y ansiedad nerviosa. Si tu cerebro tiene todas estas advertencias, es hora de desintoxicarse, pronto. En primer lugar, a excepción del accidente cerebrovascular, esta es la solución lógica para el tratamiento restaurador de tu cerebro sin píldoras ni extras. ¿Qué más motivación que esta? Comprender esto y tomar medidas puede reducir la probabilidad de enfermedades neurodegenerativas como el Alzheimer. Otra cosa, cuando dormimos, aumentamos la actividad glinfática para eliminar más desechos de nuestro cerebro. Lo primero en los montones de pasos para ayudar a promover la desintoxicación es una pequeña cosa llamada sueño reparador significativo.

6.1 Formas de desintoxicar el cerebro

1. Dormir

Ha habido un sinfín de estudios sobre cuán crucial es el sueño para el cerebro. Una de las cosas más importantes que hace no es solo sentirte renovado para enfrentar tu día, sino también tu destreza física y mental en general y, sobre todo, eliminar las moléculas tóxicas y también la eliminación de proteínas no deseadas, esto es así según la Dra. Phyllis Zee, profesora de neurología en la Facultad de Medicina Feinberg de la Universidad Northwestern. La persona promedio duerme 6,5 horas por noche, sin embargo, la Fundación Nacional del Sueño dice que los adultos sanos necesitan entre 7 y 9 horas por noche. Esa brecha entre los dos afecta la capacidad de aprender. El Dr. Matthew Walker, neurocientífico y psicólogo de la Universidad, y también fundador y director del Centro para el Sueño Humano de California, entra en detalles sobre la importancia del sueño para el cerebro y la salud en general. Para que el hipocampo codifique adecuadamente el aprendizaje y los recuerdos, necesita de siete a nueve horas de sueño. Se ha investigado que el sueño menos que óptimo disminuye el aprendizaje en un 40 por ciento. El sueño es, simplemente, un "botón Guardar" para la memoria. Lo que varios estudios han descubierto es que el sueño REM te ayuda a incorporar la información que aprendiste en tu cerebro. El Sueño Profundo, según el Dr. Walker, se trata de recopilar tu conocimiento. Pero el sueño REM se trata de procesarlo de manera subconsciente para grabar la memoria en la arquitectura neuronal del cerebro. Solo para profundizar en el punto, hay un dicho, "Dormir en él". Pero ese dicho tiene datos científicos que dicen que, de hecho, es cierto. Si tienes un problema, puedes tener una idea inspirada en los sueños sobre cómo resolver el problema. Dmitri Mendeleev, un químico ruso de principios del siglo XVIII inventó la tabla periódica de elementos, una forma de mostrar los elementos químicos (Li, Cs, Ac, etc.) a partir de la inspiración de un sueño. Auto Loi ganó el Premio Nobel de la Paz a través de la transpiración química a través de las células nerviosas de la inspiración del sueño. Probablemente la historia más conocida de inspiración onírica es cuando Paul McCartney soñó con la melodía de la canción Yesterday. Cada uno de esos ejemplos fueron hombres que usaron el sueño para resolver problemas y poca creatividad. Sin embargo, es más probable que tu cerebro esté más absorto mentalmente en resolver el problema por la mañana, no por una epifanía como el sueño de un Beatle, sino más bien por descansar lo suficiente: es crucial para la salud del cerebro y la retención de información. Al igual que hacer clic en Ctrl + S en tu teclado para guardar un documento de Word, así mismo actúa el sueño. ¿Cómo respetar para retener la información que aprendes, y mucho menos de este libro, si tu cerebro está demasiado agotado para retenerla?

Ejemplo: Integración de pruebas de memoria relacional. Según un estudio publicado en Springer en el 2011, (una editorial científica líder a nivel mundial sobre temas de neurociencia cognitiva, afectiva y conductual) informaron que el sueño ayuda a retener en la memoria, pero también cataloga "recuerdos relacionales". Durante un experimento, se evaluó a las personas sobre el impacto del insomnio en el pensamiento cognitivo del cerebro. (Ellenbogen et al., 2007, citado en Walker, 2009). Durante esto, a las personas se les enseñó 5 asociados emparejados, pares relacionales y asociados directos de letras. Se llaman pares de premisas de los siguientes A>B, B>C, C>D y D>E. Al grupo no se le informó de la jerarquía extralimitada, y se pusieron en 3 grupos. El grupo que durmió en en medio del proceso tuvo un 25% reteniendo la información. El sueño es clave en la toma de decisiones.

Además, hay efectos persistentes de no dormir lo suficiente, como la caída masiva de las Células Asesinas Naturales y el sistema inmunológico de tu cuerpo en general y la prevención de enfermedades mentales como el Alzheimer, el cáncer, la prevención de la diabetes, la regulación del azúcar en la sangre, las articulaciones y un estado saludable del corazón. En los términos más simples de la lengua común, todo está relacionado con el sueño y la gestión de un ritmo circadiano saludable y una rutina de sueño saludable. Entonces, ¿si deseas estimular tu cerebro y retener la información que aprendiste hoy en este libro? Duerme de 7 a 9 horas por noche.

2. **Alimentos antiinflamatorios de calidad**

Hay un dicho, "somos lo que comemos". Otro es: "Somos lo que consumimos". Tú entiendes. Lo que pones en tu cuerpo, ya sea la cantidad excesiva de alimentos procesados o una dieta mediterránea saludable de pescado, vegetales y frutas, cada uno juega una regla fundamental en tu rendimiento cognitivo y la sinapsis y las conexiones en tu cerebro. Además, al igual que el tema anterior, se relaciona con qué tan bien funcionan tus órganos y también ayuda con el enfoque, reduce la depresión y la ansiedad y aumenta los radicales libres y los antioxidantes para una función corporal máxima. Estas son algunas recomendaciones sobre lo que puedes consumir para ayudar a tus funciones fisiológicas y psicológicas:

- La dieta mediterránea
- Frutas
- Vegetales
- Pescados
- Mariscos
- Algas marinas
- Semillas
- Yogures
- Hierbas
- Especias
- Cúrcuma
- Jengibre
- Romero
- Yogures y otros alimentos probióticos
- Nueces y semillas
- Miel
- Legumbres y frijoles
- Chocolate
- Té
- Café

En cuanto a esto último, el café es un estimulante psicoactivo. Según la Biblioteca Nacional de Medicina, el café aumenta el metabolismo energético del cuerpo dentro del cerebro y reduce el flujo sanguíneo por hipoperfusión y algo llamado noradrenalina para la respuesta de lucha o huida. Te da energía y también te hace más feliz a través de un químico hormonal llamado dopamina. Así que el café te hace sentir bien y también agudiza tu cerebro, pero úsalo con moderación. El segmento del sueño entra en los peligros del insomnio, ya que algo que la gente no se da cuenta: según las investigaciones sobre el sueño, el 2% de la cafeína del café sigue en el cuerpo 12 horas después. Esto significa que el café te hará más agudo, pero dice que en el cuerpo durante tanto tiempo afectará la calidad de tu sueño. Así que ten cuidado al usarlo y asegúrate de estar completamente descansado y revitalizado por la mañana o reduce el consumo de este estimulante psicoactivo. ¿Qué tan poderoso es el café en términos de sensibilidad individual? En términos de entrar en más detalles, hay toneladas de libros para aprender sobre cómo llevar una dieta adecuada. Lo mejor es intentar ceñirse más a la dieta mediterránea, más pescado, más frutos secos, más vegetales y frutas. Busca alimentos con efectos antiinflamatorios, antioxidantes y anticancerígenos para ayudar a tu cerebro. Finalmente, trata de comer un sustento simple de productos de la Madre Tierra y no de una fábrica. (las drogas y bebidas alcohólicas pesadas son parte de esto) Por ejemplo, cosas sin palabras de cinco o seis sílabas en los datos nutricionales. Estos son solo algunos conceptos básicos, y se puede suponer que todos los adultos saben qué es la comida de calidad y qué es basura procesada. Pero lo que pones en tu cuerpo ayuda a tu cerebro y promueve la salud vascular.

3. **Se consciente de la adicción a la tecnología**

Tu forma de ser consciente de tu entorno proviene del hombre primitivo y su deseo de ser consciente de su entorno en la sabana o la selva. Se llama la respuesta de lucha o huida. Su cuerpo libera esta hormona llamada cortisol para mantenerlo hiper consciente, para no ser devorados por una manada de leones merodeadores y para buscar comida y refugio. Avancemos 2 millones de años hasta el surgimiento de las propiedades adictivas del teléfono inteligente. Cada vez que sueltas el teléfono, la glándula suprarrenal en el cerebro libera el mismo cortisol que está ligado a esa respuesta de lucha o de huida. Está documentado que revisamos el teléfono cada 15 minutos durante todo el día. Cuando no revisas tu teléfono, tu cerebro desarrolla cortisol y comienza a ponerlo ansioso como un depredador al acecho o como cuando tu cuerpo necesita comida. En lugar de usar esa respuesta de lucha o huida para atacar, cazar y correr, se usa para mantenerte adicto a modo de entender el cerebro como un científico de neurogénesis.

Silicon Valley está básicamente hackeando el cerebro de las personas para que se vuelvan adictos a las redes sociales. Usan algoritmos y finalmente son expertos en leer cada palabra clave que apruebas para mostrarte lo que te interesa, pero además, curar tu contenido lo hace constantemente más adicto. En los teléfonos de hoy en día, hay monitores de actividad para restringir cuánto los estás usando, lo que podría beneficiar a tu cerebro de estar distraído con tonterías adictivas todo el día. Hay un episodio de 60 minutos de abril del 2017 con un desarrollador de Google en el que da una idea de un sistema que está secuestrando la atención de las personas. Él lo compara con tener una máquina tragamonedas en la mano, una "carrera hasta el fondo del tronco encefálico" y sigues usándolo sin importar lo poco saludable que sea para tu psique. Entonces, si te ves constantemente navegando por Instagram, Twitter o Facebook, se consciente de la liberación de cortisol, apágalo y haz algo más rejuvenecedor para tu cerebro.

4. Aprecia el aire libre

Esta es una excelente manera de eliminar la toxicidad de una red de emociones agotadas de tu cerebro... paseos casuales por la naturaleza. Casi cuarenta personas se sometieron a un estudio científico para determinar los beneficios para la salud de la naturaleza y los factores externos durante 50 minutos. Según la Biblioteca Nacional de Medicina, caminar mejora tu condición, alivia el estrés y también aumenta la gratitud para desintoxicar tu mente.

El simple hecho de caminar de 10 a 20 minutos por un bosque, cerca de un lago o la playa puede ayudarte a fomentar nuevas ideas y creatividad, pero también simplemente a limpiar tu mente de cualquier estrés que puedas tener al acecho en el fondo. También se ha observado que los empleadores que hacen reuniones al aire libre tienen empleados más comprometidos con una relación positiva entre ellos, y reduce las distracciones físicas internas de las fotocopiadoras, la máquina de café o cualquier otra interrupción que surge en las reuniones que se hacen dentro de la oficina. Hay varias razones por las que deberías tomarte un tiempo breve al aire libre para desintoxicar tu cerebro. Una nota adicional, si tienes un perro... te ves obligado a realizar caminatas y eso puede ser algo a considerar.

5. Ampliar la red social de la vida real

En la era de las redes sociales de Internet, todos construyen amistades a través de ese método, especialmente los más jóvenes. Pero construir conexiones reales con las personas o que puedas ver personalmente haciendo actividades con ellos, es una buena manera de aliviar la toxicidad de tu cerebro y, naturalmente, aliviar el estrés y es intrínseco a la felicidad. Si te sientes miserable y las cosas van bien, este es el primer paso lógico para convertir tus emociones en una mentalidad más positiva, que crees amistad con las personas. Si estás deprimido y lleno de un torbellino de pensamientos tóxicos, hacer conexión con un amigo con el que no hablas por un tiempo puede ayudar a desintoxicar tu cerebro. Un investigador de la Universidad de Chicago hizo un estudio sobre personas que hablan con extraños en los autobuses, extraños o estar en silencio. Bueno, hablar con extraños es... mejor que hablar con nadie y ayudará a liberar una dopamina crucial. Entonces, si eres un lobo solitario, o tal vez una mariposa social, expandir tu red de amigos, amigos positivos, puede ayudar a desintoxicar tu cerebro y generar homeostasis y trabajar ese sistema glinfático en tu mente para la salud del cerebro.

6. Reducir la exposición a las toxinas

Como un leviatán que acecha en las profundidades, hay productos químicos que acechan más allá de los productos domésticos. Está en todas partes. Haz un esfuerzo calculador para consumir más productos orgánicos. Evita los plásticos, los pesticidas (lava la comida), los herbicidas carcinógenos, los productos de belleza y los productos de limpieza. Deja de usar botellas de plástico y busca la etiqueta "Libre de BPA". Lávate las manos con frecuencia. Haz un intento calculador para mitigar el consumo de toxicidad en tu vida. Utiliza una aspiradora con filtro HEPA. La compañía de filtros de agua Brita ha fabricado excelentes filtros para ponerlos directamente en el grifo o verter la jarra para ayudar a eliminar la toxicidad en el agua. Otro consejo, para mitigar los pesticidas del pasto en la suela de tu zapato, quítatelos cuando entres a tu casa. Estas son varias técnicas para reducir la exposición tóxica innecesaria en todo el mundo.

7. Haz ejercicio pero también mantente hidratado

Por último, pero no menos importante, ya que es obvio para la desintoxicación. Este tema se trata más arriba, por lo que no es necesario insistir en la importancia de los ejercicios, pero ayudan a mejorar tu cerebro, a aumentar la eliminación de desechos a través de la actividad glinfática y para tener una salud cardiovascular máxima. La otra cosa es mantenerse hidratado con el buen valor de la agudeza linfática (no cerebral) y glinfática (cerebral) en tu cuerpo. También es crucial para la memoria y el aprendizaje y te ayudará a reducir los trastornos neurológicos como el Alzheimer o el Parkinson y a tener más energía durante el día para hacer frente a más trabajo.

6.2 Resumen:

La mejor manera de desintoxicar tu cerebro es comer bien, evitar sustancias y, lo más importante, dormir de 7 a 9 horas por la noche. Después de leer este libro, se recomienda encarecidamente ver la Conferencia Ted del renombrado psicólogo y gurú del sueño de UC Berkeley, el profesor Matt Walker. Brinda una visión asombrosa de cuán extraordinariamente importante es tu sueño para la totalidad de tu salud. Como dice en sus videoconferencias, el sueño es realmente tu superpoder, y también es lo primero que haces por la mañana para cambiar tu mentalidad.

Capítulo 7: Una lista de técnicas avanzadas de atención plena y meditación

Las tradiciones orientales han practicado la meditación durante miles de años. De la meditación china Chi Kung. Al "Zen" japonés. O la forma india Dhyana. Este libro cubrirá el término y la forma indios. La palabra "meditación" se deriva de las prácticas para enfocar la mente y el cuerpo juntos, de una manera que brinda paz interior y bienestar. Algunas prácticas son de sensación, otras de respiración o de sonido, o una imagen que se mantiene en la mente. Otra forma es un mantra, es una prosa o palabra que es por lo que se le llama meditación trascendental.

El Gurú de T.M. fue Maharishi Mahesh Yogi, quien fue un maestro de meditación global en Jabalpur, India. En 1959, viajó por todo el mundo para enseñar meditación. Para algunos, la meditación está envuelta en un misterio como la equivalencia de la religión o algo parecido, pero más bien solo enseña acerca de la relajación y el enfoque. Sus enseñanzas se imparten en todo el mundo. Un buen ejemplo de la meditación basada en la atención plena sería a finales de la era del poder de las flores de la década de 1960, los Beatles la conocieron en Rishikesh, India, y parte de su mejor trabajo se inspiró en el viaje, incluso la mayor parte de sus composiciones del Álbum Blanco fueron allá. El Beatle tranquilo, George Harrison, quedó particularmente cautivado por él después de sus muchos años de interés por la meditación, tal vez como una forma de lidiar con la presión y la ansiedad de estar en una banda de fama mundial cuando su personalidad era más reservada. La enseñanza era practicar la calma interior y la iluminación. Esto significa que estas antiguas enseñanzas podrían ayudar a desarrollar una nueva idea que nunca pensaron que aprovecharían.

Maharishi, ahora fallecido en el 2008, era un hombre que practicaba la Meditación Trascendental. Si pones el nombre The Beatles y luego algún maestro espiritual indio con un nombre largo y habitual, puedes pensar que esto es algo bastante extravagante. Pero es la realidad… solo se trata de practicar una mente tranquila con las cosas que te estresan. Hay varias formas de hacer meditación, algunas son un poco más complejas, pero para un principiante, solo practica los conceptos básicos de la atención plena, que es solo un término para enfocar su atención en algo sin distraerse. Eso es algo que entra en juego con el aprendizaje, pero también con la relajación para hacer frente a la abundancia de estrés y distracciones de la vida. A través de esto evitaremos algunas de las cosas que suenan más religiosas que se pueden encontrar en su libro Maharishi Vedic University de 1994, que podría o no podría gustarte. Por el bien de la accesibilidad, mantendremos esto en lo esencial que cualquiera puede hacer. La práctica te calma y, al mismo tiempo, te ayudará a aprender y concentrarte. Las prácticas ayudan a deshacerse del estrés y a desarrollar un mayor enfoque en lo que sea que quieras hacer en la vida. Aquí hay algunos beneficios de la meditación:

Mejora la paz interior y la salud psíquica: hay una larga lista de razones por las que uno debería practicar la meditación. En primer lugar, puede mejorar tu felicidad. Simplemente lo hace para que estés en sintonía con el mundo y encuentres más consuelo en los placeres simples. Reduce un par de niveles el estrés de todo el mundo y puedes encontrar más placer en actividades informales. También te ayuda a lidiar con los conflictos cuando tienes una mala mano en las cartas de la vida, o las cosas en la vida no funcionan a tu favor.

A medida que la mente y el cuerpo están conectados, y gracias a esa cosa integrada en nosotros llamada respuesta de lucha o huida, tu salud psíquica también puede mejorar. Una vez que puedas convencerte de que obtener una puntuación menos que perfecta en algo no es exactamente como tener una bandada de leones persiguiéndote en el bosque, entonces tu viejo cuerpo se relaja y puedes bajar tu presión arterial, lo cual reducirá el dolor y mejorará tu sueño y las dificultades gastrointestinales. La mente y el cuerpo se conectan, y encontrando paz en tu mente cuando las cosas están difíciles, puedes mejorar tu cuerpo. Otras cosas que la atención plena mejora:

- Mejorar el razonamiento
- Mejora la concentración
- Mejora la memoria
- Mejora los resultantes
- Es un antídoto para el estrés
- Reduce la fatiga
- Disminuye la ansiedad
- Disminuye los síntomas del asma en niños y adolescentes.
- Disminuye la hipertensión
- Disminuye la disposición agresiva masculina
- Disminuye los síntomas de la migraña

NOTA: Según los Institutos Nacionales de Salud, los estudios científicos sobre esto no han sido rigurosos, pero desde la perspectiva de este autor: te ayudará a relajarte y dormir. Conocer los datos científicamente probados del capítulo anterior sobre la importancia del sueño para la salud personal para evitar enfermedades degenerativas es razón suficiente para hacerlo.

Sin embargo, según un estudio de Harvard, algunos datos científicos reales demuestran que ayuda a aliviar la depresión.

16,1 millones de estadounidenses en el 2015 informaron haber tenido signos de depresión en los últimos 365 días. El Hospital General de Massachusetts realizó un estudio sobre la meditación en la bahía usando resonancias magnéticas en el cerebro para ver los cambios por la atención plena en un "curso de reducción del estrés". Se centraron en la amígdala del cerebro, que es un grupo de células con forma de almendra. La amígdala anticipa una respuesta a los estímulos temerosos y amenazantes. También controla las emociones del cerebro, crea un juicio instantáneo especialmente relacionado con el miedo que toma decisiones. Los investigadores vieron después de ocho semanas que la amígdala de las personas estaba "menos activada" después de la atención plena. Estos son los datos en bruto: quieres relajar tu amígdala y practicar la meditación.

7. 1 <u>Los datos sobre el uso generalizado de la meditación</u>

En un estudio del 2017, la cantidad de personas que hicieron algún tipo de meditación, desde mantra o atención plena, se triplicó en cinco años a partir del 2012. Pasó del 4,1% de los estadounidenses al 14,2%. Ese es un aumento asombroso de personas más interesadas en liberar la tensión de la vida. Con los años, las escuelas de meditación se están volviendo populares. En el mismo estudio, el 1,9 por ciento de 34.525 personas informaron que practicaron la atención plena en el último año. Entre otros que hicieron atención plena, el 73% lo hizo por su salud en general y para prevenir enfermedades. El mayor número, el 93%, dijo que lo hacía solo para mitigar el estrés. La mitad de los que lo hicieron fue para dormir mejor por la noche. La otra cosa a tener en cuenta es que el crecimiento de los teléfonos inteligentes ha hecho que la meditación sea extremadamente simple. Una aplicación particular llamada CALM, es una aplicación de meditación y respiración que tiene cuatro millones de suscriptores. En el 2017, Apple otorgó a Calm el premio de aplicación del año. Por lo tanto, esta práctica se está volviendo extremadamente común gracias a la afluencia de la tecnología y la enseñanza de la meditación.

Hay muchos estilos diferentes de meditación y de la meditación trascendental. Pero aquí hay una forma de meditación básica de Yoga de simplemente relajarse. Esto se llama Anapanasati o por la lengua común "meditación de respiración". Comencemos con algo simple que no usa ningún mantra y se trata solo de respirar.

7.2 **Pasos para diferentes tipos de meditación**

Meditación de Respiración para principiantes

1. **Encuentra un lugar tranquilo y ponte cómodo**

Ubícate en un lugar tranquilo y sin distracciones. Sin perros, ni gatos ni niños. Solo tú y tu tranquilidad. Para darle un giro más moderno a esto, busca aplicaciones de meditación en las tiendas de aplicaciones. El autor recomienda Calm, que tiene varios estilos y también historias de sueño tranquilas y relajantes (e intencionalmente aburridas) para personas con episodios de insomnio. Otra cosa que puedes hacer para reducir el ruido no controlable dentro o fuera de tu habitación, es que puedes encontrar auriculares con cancelación de ruido o auriculares de alta gama como AirPod Pro. A través de la tecnología más nueva llamada Cancelación de Ruido, muchas de los más nuevos pueden cancelar prácticamente todo el sonido y pueden ser una revelación para las personas que quieren tranquilidad.

2. **Siéntate en algún lugar**

Siéntate derecho con una buena postura. Podrías hacer esto incluso en una silla de oficina, aunque a algunos les gusta meditar acostados en algún lugar. Lo que sea que prefieras.

3. **Relaja tu mente**

Calma tu mente y despeja tu mente de distracciones. Luego cierra los ojos y configura un temporizador durante 5 minutos. Despeja tu mente de preocupaciones y comienza a respirar profundamente pero de forma natural por la nariz y luego exhalar por la boca. Sin embargo, no es una regla fija; respira como te sientas cómodo. Luego deja que la respiración se sienta a través de tu estómago y haz esto durante 5 minutos.

4. **Concéntrate en tu respiración**

Concéntrate en cómo estás respirando y en cómo te sientes cuando inhalas y exhalas. Lo que eso hace es bloquear tu conciencia para que no te enfoques en cosas estresantes o en distracciones. Piensa en la alegría a tu alrededor y en la paz interior para bajar tu presión arterial y ayudarte a relajarte durante cinco minutos.

5. **Reenfoca los pensamientos**

Cuando haces esto por primera vez, o cuando te encuentras en un período de mucho estrés en la vida, puede ser un desafío pensar en poco o nada. Pero concentrarte en tu respiración, o algo en tu cuerpo que pueda estar hormigueando o lo que sea, ayudará a limpiar tus pensamientos. Al igual que algunos capítulos mencionan formas de limpiar tu cerebro a través del sueño y la comida, esto limpia tus concurridas molestas preocupaciones y el estrés que puedas tener.

6. **Esfuérzate para que practiques con frecuencia**

Como muchas cosas en la vida, puede llevar un poco de tiempo volverse bueno en eso. Michael Jordan no entró en el equipo de baloncesto de la escuela secundaria en el primer intento, y la meditación también requiere un poco de práctica. Pero esta es una meditación bastante básica de solo encontrar un lugar tranquilo y respirar. Hay varios relojes inteligentes y otras cosas, Apple Watch, que pueden notificarte cuando tu frecuencia cardíaca es inusualmente alta, y luego puedes practicar una técnica de respiración dentro de una aplicación. Solo está atento para hacer algún tipo de técnicas de estación de reacción para ayudar a reducir la presión arterial, dormir mejor (crucial), disminuir el estrés y ayudarte a recuperar el enfoque en lo que quieras lograr en la vida.

"Técnica de Respiración 4-7-8" Intermedia.

Este es otro antídoto contra el estrés. Sin embargo, el estilo de respiración es un poco más complejo, ya que requiere contar, que es el factor principal distintivo de los anteriores. Aparte de eso, es lo mismo. Algunos médicos recomiendan hacer esto dos veces al día, pero si eso es demasiado, prueba un buen momento tranquilo para hacerlo alrededor del mediodía, cuando las cosas son más estresantes. Esencialmente, haces lo mismo que arriba, excepto que con esto:

- Inhalas y respiras dentro de tu nariz durante dos segundos.
- Aguantas la respiración durante 3 segundos
- Exhalas por la nariz durante 4 segundos con un sonido de silbido

Haz esto durante cinco minutos. El segundo conteo exacto no es gran cosa, solo apégate a un conteo y usa lo anterior como guía. Si tienes dificultad para contener la respiración, simplemente haz lo que te resulte más relajante. Es así de simple.

Meditación del "Universo" avanzada (un poco más)

Esta es una práctica que es más avanzada que el reino Maharishi Mahesh Yogi e involucra un 'mantra' o, en términos simples, una frase repetida. A veces, cuando meditas, tienes que mezclarlo un poco, o cuando te vuelves menos concentrado en la atención plena. Puede que esto no le guste a muchas personas, pero dentro de una mentalidad de crecimiento, que enseñamos en este libro, podrías estar abierto a diferentes cosas, y aprender sobre la conciencia es solo otro elemento de aprendizaje. Se trata de hacer un cambio de ti mismo estando "en el universo" y luego tener el pensamiento de que "el universo está en nosotros".

1. Encuentra un lugar tranquilo y ponte cómodo

Al igual que el anterior, haces lo mismo. Encuentra un lugar, dentro de tu casa, afuera en un parque, donde puedas sentarte y que estar tranquilo.

2. Siéntate en algún lugar

De igual forma, siéntate. Con las piernas cruzadas si puedes. Si eres menos flexible o muy alto, simplemente siéntate en un lugar cómodo (túmbate)

3. Relájate, imagina y susurra

Forma un bloqueo en tu psique para los pensamientos negativos y cierra los ojos. Luego repítete estas cosas en un susurro: "No estoy en la mente, la mente está en mí". Luego imagina una burbuja de tu conciencia en expansión que cubre tu cabeza. Siente cómo crece dentro de ti y repite eso.

Imagina esta burbuja sobre tu cuerpo y luego repite en un susurro: "No estoy en el cuerpo, el cuerpo está en mí".
Luego repite: "No estoy en esta habitación, la habitación está en mí".

A medida que tu conciencia se expande figurativamente alrededor del lugar, murmura:

"Yo no estoy en este sitio, este sitio está en mí".
Es aquí donde creo que puedes tener un punto.
"Yo no estoy en esta ciudad, la ciudad está en mí".
Después.
"Yo no estoy en este país, el país está en mí".
Después.
"Yo no estoy en este mundo, este mundo está en mí".
Después,
"Yo no estoy en este universo, este universo está conmigo."

Como puedes ver, lo que originalmente sonaba como una especie de meditación india descabellada de la Nueva Era, puedes entender lo que esto está haciendo: saca a tu mente de tus pruebas y tribulaciones actuales de la vida para desestresarte y lleva a tu mente a otra parte, incluso el cosmos exterior y los confines más lejanos de la galaxia conocida o desconocida.

7. 3 **Resumen:**

La meditación tiene sus raíces en el budismo, pero no es necesario tener un presupuesto para hacerlo. Incluso se sabe que atletas como LeBron James lo hacen durante los intermedios para desarrollar la paz interior y tener una sensación de calma. Cualquiera puede hacerlo, y con una larga lista de aplicaciones disponibles en las tiendas de aplicaciones para teléfonos inteligentes, es más fácil que nunca simplemente aprender cómo crear una sensación de tranquilidad en la psique para ayudar a mitigar todo el estrés de esta cosa llamada vida. La meditación puede ser completamente transformadora para que una persona no solo tenga una perspectiva diferente de la vida, sino que también se sienta mentalmente restaurada como nunca antes.

Capítulo 8: Formular una Estrategia

La mente maestra militar francés del siglo XVII, Napoleón Bonaparte, sabía un par de cosas sobre estrategia. Fue pionero en estrategias descaradamente inventivas en las guerras que hizo. Sus enemigos jugaban a las damas y él jugaba al ajedrez. Ejemplo: durante las guerras napoleónicas europeas, en su búsqueda por conquistar Europa, usaría una táctica de distracción para atacar al enemigo por los flancos en lugar de atacarlo de frente, para evitar la línea de cañón. Lo que significaba un lado ciego y luego desconcertarlos con una estrategia poco ortodoxa. También ordenaría a su ejército que atrajera al enemigo al hielo delgado, lo rodeara y luego usara cañones para destruir el hielo mientras caían en él. Estudiaría a Alejandro Magno, Aníbal Barca, Julio César, Gustavo Adolfo, Enrique Turenne y Federico el Grande y formularía los mejores métodos de victoria en el campo de batalla. Aunque se volvería un poco temerario e invadiría Rusia, y después de enviar 600.000 soldados, solo 100.000 regresarían. Más tarde sería encarcelado, condenado y exiliado de su país y abandonado en una isla cuando tenía el mundo al alcance de sus innovadoras estrategias. Sin embargo, tiene su racha de ser una mente militar brillante, como nadie había visto. Fue uno de los tácticos militares más famosos, si no el más hábil, de toda la historia. Estas son algunas buenas técnicas que pueden ayudarte a tener éxito: pero la confianza y el comportamiento errático pueden llevarte a tu perdición. Las bases cubiertas en este libro sobre los temas de expandir la mente a través de la neuroplasticidad, dormir bien, comer bien y hacer todas las cosas antes mencionadas no harán mucho sin formular una estrategia que valga la pena. Tienes que seguir adelante. No solo asimilar, sino hacer.

Uno podría suponer que muchas personas que leen este libro están generando una estrategia para una nueva carrera. Esto trae a colación un aspecto importante de *Cómo Cambiar De Opinión, La Planificación Estratégica*. Estos son un conjunto de habilidades que son algunas de las habilidades más codiciadas que puedes tener en el mercado laboral. Ser una persona que tiene habilidades de pensamiento crítico y puedes procesar las cosas de manera lógica es exactamente lo que las empresas quieren para alguien en una posición gerencial.

Entonces, ¿cuáles son las habilidades de pensamiento estratégico?

Conoces los conceptos básicos de lo que es esto; eres un adulto, pero conocer los detalles más finos de esto requiere un poco más de aprendizaje. Esto, por supuesto, puede ayudarte a ser capaz de resolver problemas complejos, planificar y saber todos los conceptos básicos que se mencionan que Napoleón hizo a la perfección. Pero hay esquemas y definiciones de tipos de pensamiento estratégico exactos, que al saberlos ayuda a pensar aún mejor de manera estratégica.

Habilidades Analíticas - Formular información a través de la observación y el estudio.

Habilidades de comunicación: habla con personas que tengan una visión clara y establece contactos con personas que puedan ayudarte a respaldar tu estrategia.

Habilidades para resolver problemas: cuando el rompecabezas tiene muchas piezas, puedes resolverlo.

Habilidades de planificación: la capacidad de presentar una estrategia coherente que esté atada a la realidad.

Habilidades de gestión: la capacidad de liderar, inspirar y guiar a las personas para promover tu misión y también mantener a las personas en un estado de ánimo positivo.

Con los conceptos básicos de lo que es el pensamiento estratégico mencionados, entremos en el meollo de las cosas que pueden inspirarte a ti, a tu fuerza laboral o a tu deseo común diario de superación personal. Desarrollar estas habilidades requiere la iniciativa para hacerlo, una mentalidad de crecimiento, pero también poner el valor para hacerlo y practicarlo a lo largo de la vida y los negocios.

8.1 <u>Maneras de formular una estrategia</u>

1. Comienza con una visión clara

Una buena idea puede recorrer un largo camino para que se materialice en la realidad. Si tu ambición es ser la próxima Oprah Winfrey, estudia su biografía y cómo llegó a la fama. Primero, trabajó en WJZ-TV de Baltimore como presentadora de noticias. Ella usó esa plataforma para catapultarla a los programas de televisión diurnos que luego usó como un vehículo esencial para promocionar sus diversos negocios. Aunque todas las piezas se unieron, tenía una visión de lo que quería hacer con su imperio comercial con una marca para el mejoramiento de las mujeres estadounidenses. Ella tenía el propósito de entregar bondad. Desde libros hasta dietas y espectáculos terapéuticos, tenía el plan de brindar bondad a su audiencia y hacer que se sintieran mejor con consejos y conocimientos sobre la condición humana. No está claro si esto surgió como una estrategia ideada desde el inicio de WJZ-TV de Baltimore (desafortunado), o si simplemente se tropezó con esa estrategia (probable), pero funcionó porque ella misma tenía la creencia visionaria de convertirse en la primera mujer afroamericana multimillonaria. Una cosa que puedes decir: ella realmente trabajó duro, y no fue casualidad. Ella era una mujer excepcionalmente informada con una gran ambición y cualquiera que lo hiciera en grande, no podía reemplazarla.

2. **Mira las fortalezas y debilidades**

Cualquiera que sea tu situación actual, examínala y estudia tus debilidades. Algunas personas tienen una propensión natural hacia los esfuerzos creativos. Otras personas son más estructuradas, disciplinadas y matemáticas. Todo el mundo tiene debilidades, y aprender a aprovechar tus fortalezas puede ser la diferencia entre el éxito y el fracaso. Cuando puedes diseñar una estrategia en la que aproveches tus atributos más positivos y medites sobre tus debilidades, puedes tener una mejor vía para el éxito. Si eres una persona que es débil en una época, aprende a desarrollar eso poco a poco, y ese algún día podría ser tu fortaleza como persona. Formula una manera de seguir adelante usando tu mejor habilidad y luego mejora tus debilidades de manera incremental y constante. A esto juegan todos los grandes técnicos de estrategia.

3. **Tendencias de estudio que pueden utilizarse**

Ten cuidado con la necesidad de una transformación estratégica. Antes de que saliera el iPhone, los teléfonos inteligentes habían existido durante años. En 1992, se lanzó Simon Personal Communicator. Que era un teléfono con teclado y una pantalla táctil monocromática de álbum. Los teléfonos inteligentes con teclado tenían una tendencia al alza cada año con navegadores web y aplicaciones simples. Como puedes adivinar, puedes ver lo que sucedió. A principios de la década del 2000, Blackberry comenzó a despegar con un teclado para mensajes de texto. Apple estudió el mercado y presentó su propio giro en el teléfono inteligente y trajo una pantalla más pulida y multitáctil. Estudian las tendencias y combinan sus diversas fortalezas en el sector del iPad y la informática para crear un producto revolucionario (pero de primera generación defectuoso). Lo que puedes hacer a partir de esto es estudiar las tendencias en constante aumento y ver si se puede aportar algo nuevo a la ecuación. Por eso, escribir un libro en un género popular donde otros géneros son menos populares (género Zombie en un mundo pospandémico, por ejemplo) o algo simple como vender camisetas (como poner algo en la camiseta que sea "tendencia"). Encuentra algo que esté 'poniéndose de moda' y te inspire a crear o a ir en direcciones comerciales. Hay ideas por todas partes; uno debe tener una mente abierta para pensar en ellos para una estrategia segura.

4. Comunicar objetivos

Si diriges un negocio, comunícate mejor con tus empleados acerca de tus objetivos. La razón: según Harvard Business Review, el 95% de los empleados no entienden la estrategia de la empresa para la que trabajan. La misma investigación dice que el 85% de los líderes dedican menos de una hora al mes a transmitir cuál es su estrategia. Eso lleva a la fuerza laboral de la empresa a estar confundidos y dificulta que todos estén en el mismo barco. Si tienes personas a tu alrededor en un campo similar, comunícate con ellos sobre algunos de tus objetivos. Uno no debe tener un gran nivel de propiedad para comunicarse mejor. Simplemente encuentra compañeros y habla con ellos sobre algunos de tus objetivos, y tal vez puedas formular nuevas ideas a partir del diálogo que estás teniendo con ellos sobre cómo puedes expandir tus horizontes a una nueva frontera.

5. Arco de crecimiento y declive

Microsoft no se convirtió en el líder del mercado en participación de mercado de la noche a la mañana. Bill Gates vio una estrategia de vender el software y luego usar una tarifa de licencia. Año tras año, comenzaron a apoderarse del mercado y, a principios de los 90, con Windows 95, era el dominio total. Tenían una estrategia que consolidó esa ventaja. Desde el inicio de Microsoft el 4 de abril de 1975 en Albuquerque, Nuevo México como una pequeña empresa, hasta convertirse en el hombre más rico del mundo en 1995, pasó tiempo. Por otro lado, como Apple estaba al borde de la bancarrota en los años 90, retrocedieron lentamente con el lanzamiento del iMac y el iPod y luego cambiaron el mundo con el iPhone, y luego el 31 de julio de 2020, Apple se convirtió en la empresa más grande del mundo. Las dos compañías, junto con Saudi Aramco, están cabeza a cabeza por quién será la compañía más grande del mundo. La otra cosa a tener en cuenta, si estás iniciando una empresa, es darte cuenta del "pico" y luego saber que la mayoría de las empresas con las que crecieron los abuelos han disminuido o se han ido. En el año 1961, de las 25 principales empresas de Fortune 500 en 1961, solo quedan 6. Por lo tanto, ten cuidado con el aumento constante de tu empresa a un pico y luego te vuelvas indiferente, ignorando las tendencias del mercado anteriores y luego declinando y disminuyendo lentamente.

6. Reformula la estrategia cuando sea necesario

A lo largo de este libro, se menciona una "mentalidad de crecimiento", y uno debe aplicarla a una estrategia. Una vez que te duermes en los laureles, es cuando tú y tu empresa pasan del apogeo al declive. La planificación estratégica es continua como el mercado y, bueno, el mundo entero siempre está cambiando. Un buen ejemplo es RKO Pictures. Produjeron muchas películas clásicas de la Edad de Oro de Hollywood. Incluyendo King Kong, Citizen Kane, Qué bello es vivir, Blancanieves y los siete enanitos. RKO fue uno de los cinco grandes estudios cinematográficos de la Edad de Oro de Hollywood, y eventualmente quebró y terminó en 1957. Por múltiples problemas, pero el más grande: la falta de una estrategia ganadora cuando la situación estaba difícil. Uno puede ir de la cima del mundo a la nada sin una visión clara del camino por delante y un cierto grado de humildad cuando las cosas van bien. Este método se puede utilizar no solo para los negocios, sino también para el crecimiento personal y, bueno, para el desarrollo personal. Si haces el mismo entrenamiento de tus brazos todos los días, el cuerpo comienza a aprender y a conformarse y el crecimiento se detiene. Por lo tanto, uno tiene que ser flexible y reformular las cosas en la vida para evitar declives en el crecimiento de la carrera personal, la salud personal o incluso las relaciones.

7. Haz preguntas estratégicas

Muchas grandes ideas provienen de "¿Qué sucede si...". Para florecer como un pensador crítico, se deben hacer las preguntas pertinentes. No solo por negocios, sino también por cómo puedes mejorar tú mismo y tu estrategia de carrera. Según el curso "Estrategia disruptiva" de la Escuela de Negocios de Harvard, el simple hecho de hacer preguntas puede generar oportunidades si te encuentras atrapado en un aprieto. Puedes quitar el velo de la ambigüedad y arrojar luz sobre la iluminación de una nueva idea. Puedes hacer preguntas sobre cómo puedes posicionarte en el mercado; el nuevo crecimiento; dónde estarás dentro de cinco años o cómo crecerá la competencia en tu campo. Hay muchas preguntas que podrías hacerte relacionadas con la empresa que deseas iniciar o incluso para mejorar tú mismo. Forma un diálogo con tu mente interior para hacer preguntas sobre "qué pasaría si" y luego presenta una estrategia, a corto, mediano y largo plazo, que te llevará al éxito final.

8. Estudia ideas contrastantes

A veces, las personas con opiniones opuestas sobre ti pueden tener algunas buenas ideas debido a su experiencia de vida. Con el crecimiento, puedes aprender a cambiar y a adaptar tu forma de pensar, y las puertas se pueden abrir con nuevas aventuras para explorar. Pensando en esa personalidad opuesta, tal vez tengan algunas ideas allí, tal vez no todas, pero algunas se pueden usar. No te opongas a una buena idea solo porque no se te ocurrió primero. Un buen ejemplo es que el CEO Steve Job, y Apple son conocidos por construir sus propias computadoras, el hardware y el software desde cero para que funcionen a la perfección entre sí. A partir de eso, el software y el hardware son armoniosos y brindan una mejor experiencia de usuario, ya que elimina el software intermediario. El Microsoft de Bill Gates es diametralmente opuesto. Tomó un enfoque de simplemente licenciar su software, y compañías de terceros como Dell y Sony construyeron la computadora real y, de hecho, también cargarían la computadora con su propio software, además de Windows de Microsoft. Esto lo que hizo fue reducir las ganancias que obtuvo Microsoft, ya que durante mucho tiempo fueron una empresa de software pura y también hizo que la experiencia del usuario fuera menor por una computadora tipo Frankenstein con ideas de diferentes empresas. A fines de la década del 2010, Microsoft estudió a Apple y cómo su estrategia no es exactamente la participación de mercado, sino más bien... ganancias y, por supuesto, una alta experiencia del usuario final. Vieron el iPad como una amenaza devastadora para su imperio empresarial y cambiaron de rumbo. Así que Microsoft ahora fabrica sus propias computadoras Microsoft... algo que nunca han hecho en toda la historia de su compañía. Durante décadas, y viendo el ascenso masivo de Apple, cambiaron su tono, buscaron ideas contrastantes y aprendieron que el amor de Steve Jobs por la sincronización de software y hardware produce una computadora mejor. Eso también, en la misma muestra de aliento, también genera más ganancias para la empresa. La moraleja de esta historia es que, a veces, las personas que tienen ideas diferentes a las tuyas... podrían tener una mejor idea si estudiaras su percepción.

9. Escuela y Formación O Formación de Youtube

Esto es obvio. Hay ciertas carreras donde la formación formal es clave. Grandes trabajos lucrativos en cualquier campo de la salud requieren capacitación adicional. Pero incluso para carreras artísticas, no necesariamente necesitamos gastar una fortuna de dinero, podrías tomar algún tipo de cursos para aprender diferentes habilidades en las que no estás completamente desarrollado. Otra vía para explorar es lo que está de moda en este momento entre jóvenes y mayores: tutoriales de Youtube. Hay educación de Harvard en Youtube de forma gratuita, donde uno puede aprender casi cualquier cosa, desde neuroplasticidad y astrofísica, hasta cómo se construyeron las pirámides colocando piedras en trineos o cualquier tema para convertirse en una persona informada en el campo. Pero Youtube no te da ese sello de aprobación que un título tiene en el currículum, además de que un título formal puede ser un gran activo para tu desarrollo como persona (y también aumenta la autoestima, que es clave para cualquier cosa en la vida). En cuanto al desarrollo de habilidades en los campos creativos, el aprendizaje de la historia, la investigación, la escritura y el cuidado personal, YouTube es un recurso impecable para desarrollar la psique y la comprensión del mundo.

10. Búsqueda de ideas

Mantén los ojos bien abiertos y los oídos y la mente abiertos para saber cuál puede ser tu próxima idea. A veces, la imitación es una gran fuente para encontrar nuevas ideas y direcciones a seguir. Pero muchas ideas pueden surgir de la nada en caminatas informales, leyendo libros fuera de la zona de confort, en el baño o tal vez incluso viendo una película. Las ideas están en todas partes y pueden germinar... en tu subconsciente y también en tu conciencia. Donde tal vez 'viste' o escuchaste algo pero nunca pensaste realmente en ello. Semanas, meses o incluso años después, puede generar una nueva idea con solo encontrar algo diferente. Las ideas nuevas a veces provienen de no seguir el camino trillado, pero también pueden provenir de estados de tipo 'meditativos' cuando simplemente estás haciendo cosas casualmente.

11. Escribe Tus Metas

El icono de las Artes Marciales, Bruce Lee, se escribió a sí mismo una carta en la que decía que podría convertirse en una estrella de Hollywood. Era una afirmación para sí mismo, podía convertirse en uno. De acuerdo con la Universidad Dominicana de California, las personas con objetivos prácticos escritos tienen un 42% más de probabilidades de alcanzarlos. Escribe metas a corto plazo y escribe metas a largo plazo, pero ponlas en papel (o en un archivo digital) y actualízalas a menudo con cosas nuevas que funcionan y que no funcionan. Date un refuerzo positivo de que XY funcionó, y tal vez XX no funcionó. Escribir es una buena forma de cimentar un plan de acción que podrías formular en la realidad. Ten sueños de un año, sueños del próximo año, sueños del otro año (etcétera). Haz un mapa del proceso, como el viaje de un héroe, como Frodo en El señor de los anillos que se dirige al Monte del Destino para destruir el Anillo Único. Si estás lleno de ambigüedad acerca de cómo terminar tu objetivo, entonces tienes problemas para lograrlo. Sigue la estrella de la mañana de tu objetivo escrito, todos los días, que formulaste como algo tangiblemente realista que puedes lograr.

12. Escribe cualquier otra idea en algún lugar

En la era moderna gracias a tanta tecnología, existen numerosas formas de olvidar una gran idea. La respuesta: notas. A veces, las ideas menos geniales que escribes pueden convertirse repentinamente en grandes ideas cuando estás en un estado de ánimo diferente y más seguro. Aunque como autor y escritor, naturalmente, escribo ideas, si usas esta técnica incluso para trabajar como gerente, donde tus ojos están abiertos a las fallas, puedes escribir una solución para que nunca la olvides. Dependiendo de tu campo de estudio, tal vez esto no haga nada para tu carrera. Pero para otras mejoras en la vida, corregir defectos de carácter y escribir ideas es una buena estrategia.

13. **Visualiza tu yo idealizado**

Si te sientes deshecho prueba esto: visualiza. En el lóbulo occipital se encuentra la corteza visual y que es una parte clave del cerebro para su uso. ¿Cómo? Bueno, si quieres convertirte en un gran CEO, rico, apreciado, con toneladas de habilidades de comunicación, comienza con la imaginación, puedes hacerlo. Formar una creencia interna en ti mismo de que haces algo al verte a ti mismo como eso, te ayudará a cristalizarlo en la realidad. Si estás lleno de pensamientos como pobrecito yo, no soy lo suficientemente bueno y nunca seré lo suficientemente bueno, es decir, mentalidad fija, entonces estás en un mundo de problemas. Otra cosa a considerar, de la que hay muchas menciones, es una cosa llamada tablero de visión. Que es un collage de imágenes recortadas de una revista o artículos, impresas y pegadas en cartón para representar tu idealización y que puedas ver ese tablero para visualizarlo. Si quieres ser un escritor, por ejemplo, visualízate como en quien puedes ser si te esfuerzas, investiga y haz un plan de acción. Esencialmente eso es: un ensayo mental para lograrlo. Solo recuerda tener en cuenta las partes mencionadas anteriormente sobre el fracaso asesino de sueños y reacciona en consecuencia para este ensayo mental.

14. **Desarrolla una mentalidad exponencial**

A corto plazo, las personas sobrestiman lo que pueden hacer. A largo plazo, subestiman lo que pueden hacer. El crecimiento requiere mejoras graduales y constantes y el éxito de la noche a la mañana, centrándose en lo que es importante para el crecimiento e ignorando el resto. Para creer en el cambio, bloquea las distinciones y mira tu crecimiento como persona/empresa en un arco más largo que las ganancias a corto plazo. Es pensar en uno mismo un poco como una acción, donde sí hay momentos en que las cosas se desploman, pero en el transcurso de muchos años, el crecimiento está ahí. Ejemplo: el valor total de la bolsa de valores Dow Jones el 1 de enero de 1962 fue de 724,71. Avanza 50 años hasta el 1 de enero de 2022, y está en 36.585,06. En pocas palabras, todo se reduce al pensamiento incremental de pequeños movimientos constantes, teniendo en cuenta el fracaso y el éxito instantáneo del ganador de la Lotería de la noche a la mañana. Lo primero es más probable y alcanzable.

15. A quien madruga, Dios lo ayuda

El Polímata estadounidense y padre fundador, Benjamin Franklin fue un madrugador por excelencia y planificó su día levantándose a las 5 a.m. Eso le dio tiempo suficiente para ser una personalidad polímata para dedicarse a cosas como la ciencia, la escritura, la invención y la filosofía. Si todos en tu campo de trabajo independiente comienzan su día a las 8 a.m., pero tú llegas a las 11 a.m., eso le da una ventaja a tu competencia. Comienza tu día temprano o en un horario normal. Las personas ultra exitosas obtienen una ventaja simplemente comenzando su día antes. Otros beneficios son que hay menos tráfico y puedes tener un tiempo para tomar información del día anterior para formular un plan ese día. Levantarse temprano tiene grandes beneficios pero, como recordarás de un capítulo anterior, no a expensas de dormir bien. Entonces, si quieres ser un madrugador, asegúrate de ir a la cama a la hora adecuada y asegúrate de tener un sueño reparador completo durante ese tiempo.

16. **Se innovador cuando puedas**

Se necesita mucho audacia para hacer algo como pensar fuera de la caja. Todos los grandes inventos provienen de ese marco mental de hacer algo diferente. El inventor futurista y pionero serbio-estadounidense, Nikola Tesla, inventó la corriente alterna a partir de la 'corriente continua' probada en el tiempo. Se trata de pensar un poco diferente al resto. Otro ejemplo es Amazon, donde a mediados de los 90 no había libreros en línea para recoger tu copia de Jurassic Park. Así que Jeff Bezos creó eso y, poco a poco, utilizando muchas de las técnicas anteriores, vio una mejora constante en la idea innovadora de un mercado en línea. La realidad es que muchas personas tienen una mentalidad fija, y si adoptas una mentalidad de crecimiento y luego buscas innovar, puedes diseñar una estrategia única para la innovación. Simplemente no pongas todas tus gallinas en una canasta, ten un plan alternativo sobre dicha innovación y piensa en formas de superación si algo no despega de inmediato. Otro ejemplo más reciente sería aquella metedura de pata histórica del titán japonés de los videojuegos Nintendo. En el 2012 volvieron a lanzar su consola doméstica menos exitosa: la polarizada e incomprendida Wii U. Era un sistema de videojuegos con una pantalla tipo tableta difícil de manejar que se veía fea. Querían algo móvil pero doméstico al mismo tiempo. Nintendo estaba en una situación desesperada, y sus acciones y participación de mercado fueron diezmadas por su anterior sistema Wii de gran éxito. Lo que hicieron: aprendieron de los fracasos y crearon un sistema, el Switch, que es una consola doméstica para jugar en la televisión y luego se saca de la base para jugar mientras viajas. Nintendo aprendió de sus fallas con la Wii U, la reformuló, la hizo más accesible, ideó un nombre sencillo y creó probablemente su consola más exitosa de todos los tiempos en términos de ventas. El fracaso y reformular la estrategia pueden generar innovación y un éxito inaudito.

8.2 **Resumen**

Uno no necesita ser el campeón mundial de ajedrez Magnus Carlsen para ser bueno en estrategia. Muchas personas en la vida no formulan ningún tipo de estrategia y se mueven por la vida como una hoja en el viento. Diseñar una estrategia para tu vida, carrera y vida amorosa, y asegurarte de que sea realista, reflexiva y capaz de adaptarse a los cambios, es clave para lograr lo que quieres. Simplemente no uses estas estrategias probadas por el tiempo para conquistar Europa como Napoleón Bonaparte ni nada.

Capítulo 9: Mente Errante – Modo DMN/TPN y cómo cambiarlos

El famoso psiquiatra Sigmund Freud enseñó cómo el subconsciente dinámico puede afectar nuestra vida cotidiana. Él estudió varias técnicas terapéuticas sobre cómo las cosas en las que no pensamos controlan nuestra vida cotidiana. Revolucionó la psiquiatría al estudiar el subconsciente y el Psicoanálisis. Escuchamos que estudiar es la parte en la que estamos cerrados a la introspección, y nuestro cerebro está en piloto automático. Todo el mundo sueña despierto. Cuando estás sentado en el trabajo pensando en ese viaje a la Playa Venice en California; o esa vez que te enamoraste de alguien que no deberías; o placeres simples como un pastel de seda francés; o tal vez tengas cronometrofobia, un miedo a los relojes o el miedo más común al tiempo mismo; lo que sea que esté brillando en tu cerebro durante el día. Pero a veces los pensamientos no dirigidos pueden afectarte para que no seas productivo en la vida y... feliz. Hay que tener la conciencia para apagar el interruptor. Pero primero, aprendamos las diferencias entre DMN y PTN a partir de varias investigaciones realizadas en el 2001 por el científico Marcus Raichle, M.D.

¿Qué es DMN (red de modo predeterminado)?
Estos son términos sencillos: es el tiempo cuando el cerebro está descansando y controlando funciones de orden superior. Una explicación más médica: esta es una parte del cerebro que tiene una conexión suelta con las neuronas y reacciona espontáneamente a varias áreas del cerebro en "momentos pasivos". Primero expliquemos un poco sobre el inter-funcionamiento del cerebro y cuánto abarca. Están la parte del cerebro que tiene el lóbulo temporal de red en modo predeterminado, la corteza prefrontal, la corteza cingulada

posterior. Todas estas son partes del cerebro que se encargan de la memoria (prefrontal), la orientación de emociones y pensamientos hacia metas (cíngulo posterior), la memorización autobiográfica y la capacidad de reflexionar desde el cíngulo posterior. En un microcosmos: esta parte del cerebro que controla varios estados emocionales, introspección, asombro mental, memoria a largo plazo, trastorno por déficit de atención (TDA) e hiperactividad. Según la definición de Sigmund Freud, esto sería la mente subconsciente y también la mente preconsciente y el soñar despierto.

Soñar Despierto Positivo y Constructivo

Son constantes ilusiones como el mencionado viaje a California o comer un pastel de seda francés, o soñar con ser maestra de escuela primaria. Todos los pensamientos positivos y algo productivos se arremolinan en el cerebro. Estos, con moderación, son buenos para tenerlos en la cabeza.

Soñar Despierto Culpable-Disfórico

Es cuando tu cerebro está lleno de pensamientos tempestuosos que rumean en tu cabeza. La negatividad, el "ay de mí" pesimista. O tal vez estés pasando algo serio, como el trastorno de estrés postraumático por el servicio militar. Los pensamientos contraproducentes que atascan tu día, como estar atrapado en cemento húmedo.

Soñar Despierto Control de Atención Deficiente

Esto es cuando tienes dificultades para concentrarte en el trabajo y tu mente está llena de una red de pensamientos aleatorios, a veces fragmentados. Esto afecta tu trabajo, tus habilidades de comunicación y tu felicidad. Es tan malo como el anterior y puede requerir meditación y/o medicación.

¿Qué es una red de tarea positiva (TPN)?

Esta es una parte del cerebro relacionada con el enfoque y estaría estrechamente ligada a la mente consciente de Sigmund Freud. Estamos haciendo algo activamente y muy consciente de ello, como escribir un libro sobre TPN, por ejemplo. Estás jugando activamente al baloncesto. O dentro de una conversación con un compañero de trabajo. Es donde necesitas una concentración similar a la de una navaja y luego usas la memoria a corto plazo para tomar decisiones rápidas. Dentro de tu modo de conciencia, eres más feliz que si simplemente estuvieras 'allí' como el anterior. Distinguir estos dos métodos de pensamiento es importante para saber cómo regular tus emociones y tu comportamiento.

El problema subyacente:

Los dos modos de pensamiento están en desacuerdo entre sí, como Dr. Jekyll o Mr. Hyde. Cuando uno está activo, el otro está menos activo. Si no tienes la conciencia para saber cuándo es DMN, partes del cerebro pueden colarse como un niño errante. También te impide vivir una vida equilibrada y productiva donde tu subconsciente comienza a gobernarte. Según una investigación del psicólogo estadounidense Richard J. Davidson, el estadounidense promedio pasa el 47% del tiempo sin prestar atención a lo que está haciendo. Una mente errante que sueña despierta podría ser una atadura para que seas más productivo y más equilibrado. Los estudios han encontrado que existe un vínculo entre el modo DMN y la depresión y que la meditación logra que el cerebro salga de ese patrón de pensamiento, para sacarte de la actividad del modo predeterminado que causa soñar despierto, deprimirse y falta de concentración. El modo predeterminado del cerebro de la persona involucra varios factores, naturaleza (ADN) versus crianza (cómo aprendiste a sobrellevar la situación), y cada persona, al igual que los contornos únicos de su rostro, es diferente. Entonces, la mejor respuesta es que seas consciente de tu DMN, a cómo respondes a tus sentimientos y a aprender métodos para el cerebro a partir de patrones de pensamiento que te alejan de los deprimentes o contraproducentes que descienden en espiral como un piloto kamikaze. Las personas que padecen depresión crónica se beneficiarían especialmente de la meditación para aumentar sus patrones de pensamiento para su bienestar. El problema con los soñadores y escritores que tienen una habilidad natural es que está ligado tanto a la depresión como a la creatividad. A lo largo del tiempo, los investigadores han encontrado tres tipos de soñadores. Y los tipos de sueños cuando el cerebro está en DMN son muy parecidos al Dr. Jekyll y al Sr. Hyde del cerebro.

Correlación entre DMN y empatía

Comprender las emociones es fundamental para comprender las situaciones sociales. Es importante comprender las señales sociales, el lenguaje corporal, los cambios menores en la voz, la lectura del rostro y la falta de direccionalidad de algunas intervenciones sociales. Se han realizado varios estudios clínicos utilizando máquinas de resonancia magnética para determinar una mayor comprensión de nuestras mentes. Nuestra parte de empatía cognitiva de nuestro cerebro se conecta y se superpone con la red de modo predeterminado del cerebro. Esto significa que si tienes un DMN demasiado entusiasta, ya sea por depresión, lesión o trastorno neurológico, en tu cerebro, tu percepción de los demás puede verse torcida. El entendimiento es simple: tu cerebro está más centrado en sí mismo, como el narcisismo, que en los sentimientos de los demás. Como dirían varios gurús de la meditación: simplemente estás 'no presente'. Tener tu empatía a toda máquina y leer completamente a las personas y conectarse con las personas, uno tiene que entender cuándo controlar ese DMN en el cerebro o tendrás una desconexión social de tus compañeros. Si quieres conectarte mejor y ser esa mariposa social, pon un lazo en ese DMN.

Red de modo predeterminado y trastornos neurológicos

Si no estás controlando esta parte de tu cerebro, puedes exacerbar los sentimientos negativos. Primero, eres susceptible de desarrollar depresión severa y luego hiperactividad y tienes trastorno bipolar y PTSD (trastorno de estrés postraumático). Aprende a controlar tu DMN para frustrar o reducir las posibilidades de muchos trastornos neurológicos. Tener un DMN desequilibrado está relacionado con muchas anomalías de la sustancia blanca y trastornos neuropsiquiátricos. Diversos estudios y estudios de neuroimagen encontraron información sobre los siguientes trastornos del neurodesarrollo:

Trastorno por déficit de atención con hiperactividad (TDAH)
La investigación ha demostrado que las personas con TDAH tienen menos conexión DMN en el cerebro. Hay una actividad disminuida cuando el cerebro está en DMN. También provoca efectos negativos en la capacidad de autorreflexión durante un largo período de tiempo.

Autismo (TEA)

Lo mismo puede decirse de las personas con autismo y la comprensión de las señales sociales, existe una correlación entre los dos y sus efectos sobre la DMN en estado de reposo.

PTSD (trastorno de estrés postraumático)

Finalmente, los estudios clínicos de PTSD también tienen anomalías en el cerebro en el DMN. Ha habido un cambio severo en lo que está pasando en la química del cerebro durante el DMN.

Los efectos del DMN en personas mentalmente asustadas por PTSD son sorprendentes.

Dolor crónico

Las personas con dolor crónico muestran que tienen una alta actividad de DMN en el cerebro. Los sistemas del sistema de modulación del dolor son, comprensiblemente, muy activos, y eso se vincula con la red DMN, donde están "revisando" mentalmente.

Esquizofrenia

La investigación clínica mostró que las personas con esquizofrenia son más activas con DMN. Lo que significa que su estado de "descanso" del cerebro está más desequilibrado y, por lo tanto, controla a la persona. Cuando hay tareas que requieren atención, el DMN está inusualmente activo. Cuando eso se reduce, la red TPN (cuando el cerebro se enfoca) reduce el DMN. Además, otros trastornos neurológicos en personas con esquizofrenia son la paranoia, y también tienen una DMN alta mientras intentan activamente tener un enfoque similar al de una navaja usando la TPN.

Enfermedad de Alzheimer

La mayoría de la gente sabe qué es esto, la reducción del cerebro que actúa a través de la acumulación de plagas tóxicas de beta-amiloide 42. Lo que hacen estas plagas es acumularse entre las neuronas de tu cerebro. El resultado: interrumpen la función celular y afectan la memoria y las habilidades motoras. Pero lo que se ha descubierto a través de la investigación clínica es que la reducción de la agudeza cerebral también entra en la red de modo predeterminado. Los factores antecedentes, es decir, lo que lo desencadena, parece ser DMN con balance negativo que parecen ser los primeros pasos para tener esta neurodegeneración en el cerebro. Si deseas que tu cerebro evite esto, ten en cuenta las anomalías en tu DMN.

9.1 <u>**Consejos sobre cómo cambiar y salirte de la DMN**</u>

El primer paso es reconocer que puede tener un problema con 'no estar presente y la DMN'. Lo que puedes hacer es probar el aprendizaje de memoria, que es un comportamiento repetitivo que forja un aprendizaje profundamente arraigado. Es una técnica de memorización para hacer lo mismo una y otra vez. Hay muchas cosas que uno puede hacer para disminuir las consecuencias de tener un modo DMN hiperactivo. Cada vez que estés dentro de la DMN y tu mente esté en el país de la fantasía, y te des cuenta, implementa pasos y patrones habituales para salir de ella cada vez suceda. No te quedes encerrado en tu cabeza sino actúa para controlar tu mente revoltosa con los pasos siguientes:

Mantenerte motivado

Si tienes una profesión en la que realizas trabajos muy repetitivos, intenta encontrar algo que puedas hacer durante muchas horas y que estimule tu mente. Hacer lo mismo todos los días, ya sea limpiar pisos o cambiar bombillas, no usa mucha función cognitiva y te coloca en una DMN y simplemente te desconecta, es la galaxia Alfa Centauri. Busca cosas mentalmente estimulantes alrededor de las personas o cambios en el trabajo con los que puedas interactuar, no solo ser absorbido por la Zona Crepuscular de la televisión.

Meditación

Métodos rigurosos han descubierto que practicar la atención plena y la meditación puede disminuir los efectos de DMN que dominan tu vida cotidiana. Vale la pena señalar que la meditación trascendental, en particular, puede reducir las consecuencias neurológicas negativas de la DMN. Desde Zen hasta Atención Plena y Chi Kung, cualquier meditación ayudará.

Acupuntura

Por medio de imágenes del cerebro por resonancia magnética funcional se ha descubierto que el método antiguo de agujas en la piel puede ayudar a aliviar los pensamientos DMN que distraen. Te distrae con un dolor leve en todo el cuerpo, por lo que te concentras en el aquí y ahora durante largos períodos. A lo largo de muchas sesiones, podrías tener resultados positivos.

Medicamento

Tomar algún tipo de medicación para concentrarte, como Citalopram, Escitalopram y Fluoxetine puede ayudar a recuperar el enfoque y reducir ese DMN fuera de alineación. La ketamina, en particular, perturba el DMN del lóbulo frontal, lo que ayudará a que otras partes del cerebro se liberen del dominio del control subconsciente.

Psicodelia

A lo largo de los años, los hongos alucinógenos han demostrado tener muchos beneficios para la salud además de escuchar el lado oscuro de la luna de Pink Floyd. La Biblioteca Nacional de Medicina hizo un estudio sobre hongos alucinógenos llamados psilocibina y LSD en el cerebro. Estos tipos de psicodélicos se han utilizado durante siglos en la curación. Descubrieron que reduce las conexiones de DMN a través de la "disolución del ego" temporal al perder los sentidos al usar estas sustancias y crear cambios en la personalidad. Esencialmente, lo que sucede al tomar hongos alucinógenos: el cerebro se vuelve más interconectado. También descubrieron que este método es bueno para las personas con depresión y otros trastornos neurológicos.

9.2 **Resumen**

Uno no necesita ser exactamente Sigmund Freud para entender cómo el subconsciente afectará tu conciencia, para bien o para mal. Estas son varias técnicas para enfocarte en tu vida y también tener una presencia mental de tu DMN. Tener al menos una comprensión básica de cómo la DMN y TPN forman las diversas regiones cerebrales que interactúan para bien o para mal. Haz cambios en tu autoconciencia para estar en el primer paso hacia una poderosa transformación de quién puedes ser. La forma en que manejas tu DMN puede dejar un impacto duradero de quién eres... o quién serás. La clave para desbloquear el estar encerrado en tu mente es ser consciente de ello.

Capítulo 10: TDAH: una mirada profunda al cerebro de niños y adultos con TDAH

Si eres una persona con una mente divagante, inquieta, que no puede concentrarse durante largos períodos y un poco ingobernable cuando se ve obligada a estar confinada, esa es una señal de TDAH. O, en términos no acrónimos: trastorno por déficit de atención con hiperactividad. Si eres una persona que tiene esto, bueno, no estás solo.

Los hechos: hay 3 millones de casos en los Estados Unidos por año con TDAH. La lista de personas verdaderamente excepcionales es bastante asombrosa. Incluyendo al atleta olímpico ganador de récords de medallas de oro, Michael Phelps. También el comediante Howie Mandel de America's Got Talent. También la medallista de oro en gimnasia del 2016, Simone Biles. El miembro de Black Eyed Peas will.i.am. El renombrado analista político James Carville. En casi todos los campos que puedas imaginar, las personas pueden tener TDAH y, de la misma manera, la respiración sobresale en la vida.

Muchas personas lo superan a la edad adulta, pero algunas todavía lo tienen a medida que envejecen. El 8,4% de los niños y el 2,5% de los adultos tienen trastorno por déficit de atención. Dentro de los Estados Unidos, se estima que 6,4 niños entre las edades de cuatro y diecisiete años han sido diagnosticados con esta afección. Dentro de las partes occidentales de los Estados Unidos se encuentran los casos más bajos, la razón científica de esto no está clara, pero podría contribuir al clima. Dentro de la región más fría del país, el Medio Oeste es más frecuente, donde muchos estados son inusualmente altos en comparación con otros. Esto podría significar, desde la perspectiva de este escritor, que podría haber alguna correlación entre los dos. Kentucky tiene la tasa más alta con un 14,8 % de los niños. Si bien la tasa más baja, resulta ser el estado más cálido con Nevada en 4.2%. Otros estados son California con un 5,9 % y Arkansas, Luisiana e Indiana, todos con un 14,6 % y un 13,3 %. Pero, en general, los estados del medio oeste son los más afectados por este problema con los niños. Si eres de estas áreas y tienes dificultades para concentrarte y estás inquieto, es posible que tengas TDAH. Sin embargo, este trastorno es una epidemia de proporciones en ciertas regiones del país y afecta toda la vida de las personas.

10.1 Entonces, ¿qué es el TDAH?

Bueno, es la dificultad para concentrarse, esencialmente, y actuar impulsivamente. Los adultos con esta afección pueden tener baja autoestima e hipersensibilidad a las críticas. Si eres una persona que no puede quedarse quieta y su mente está mucho tiempo en el país de los sueños en la DMN antes mencionada, ese es un buen ejemplo de lo que es el TDAH. Los problemas no son por ser desafiante y tampoco se relacionan con que la persona comprenda las instrucciones dadas. Y si eres una persona con TDAH, aquí hay una gran motivación y es que aún puedes lograr cualquier cosa que te propongas: según Michael Phelps, el ganador de la mayor cantidad de medallas de oro en la historia olímpica, sus maestros le dijeron: "Tuve un maestro que me dijo que nunca llegaría a nada y que nunca tendría éxito".

Esa dureza a veces podría motivar a un niño, sin embargo la evaluación brutal de ese maestro sobre él estaba completamente fuera de lugar. Entonces, ¿qué entra en la comprensión médica de qué es exactamente el TDAH?

Los tres tipos de trastornos neuroconductuales del TDAH son:

Presentación predominantemente desatenta: esto es cuando tienes dificultad para concentrarte o no puedes mantener la atención; procrastinar y simplemente tener olvido general. Tienes dificultad para completar el trabajo y extravías las cosas.

Presentación predominantemente hiperactiva/impulsiva: se trata del movimiento de tu cuerpo y simplemente de ser hiperactivo. Inquietud, hablar demasiado y simplemente tomar decisiones impulsivas.

Presentación combinada: Esto es cuando tiene todos los síntomas combinados.

Otras cosas a considerar que no son TDAH:

Trastorno de Oposición Desafiante (ODD por sus siglas en inglés): Este es un comportamiento adicional cuando un niño es rebelde y desafiante, y alberga hostilidad hacia sus compañeros, maestros y, en particular, las personas dentro de la autoridad. Es un rasgo de personalidad de ser rebelde.

Trastorno de autismo

Le debes a tu hijo estar en el espectro de un trastorno de autismo que le impide interactuar socialmente, aprender y una variedad de otras cosas.

Diagnóstico

Para determinar adecuadamente si tú o tu hijo tienen TDAH, los síntomas deben persistir durante seis meses o más. La forma en que se determina si tú o tu hijo la tienen sería una evaluación con un cuestionario por parte de un psiquiatra de niños o adultos. Esto implicaría una serie de preguntas de la entrevista e informes personales de otras personas que se encontraron con el paciente. Otra cosa que sucedería para diagnosticar el TDAH, para determinar que no hay nada más anormal desde el punto de vista médico, es un examen físico realizado por un médico. La razón del examen físico es para descartar si hay abuso de sustancias probado, ansiedad, lesión en la cabeza, problema de tiroides, trastorno neurológico del estado de ánimo o el trastorno de oposición desafiante (ODD). O se podría realizar una resonancia magnética funcional en el cerebro para comprender la anomalía en el comportamiento.

Causas del TDAH

Ha habido evidencia científica de que tu propia genética entra en juego en las causas subyacentes del TDAH, no solo factores ambientales como un hogar caótico, pero los genetistas no han determinado cuál es la combinación de genes que sea el catalizador del trastorno neurológico. Usando un campo magnético y radiofrecuencias de resonancia magnética del cerebro, encontraron diferencias anatómicas en la reducción del área gris y la materia blanca entre los cerebros de los niños con TDAH y los que no lo tienen. También descubrieron a través de imágenes cerebrales que los lóbulos frontales, el núcleo caudado y el vermis cerebeloso son diferentes de las personas con TDAH. Otras cosas que entran en juego son el peso del niño al nacer y el nacimiento prematuro. Otros factores subyacentes de tener toxinas en el útero, como fumar, plomo o alcohol, y que la madre tenga una cantidad exorbitante de estrés durante el embarazo.

10.2 **Formas de mejorar el TDAH**

1. Medicamentos
Existen varios tratamientos para el TDAH, desde la terapia hasta la intervención psiquiátrica. El primer enfoque es el medicamento que uno podría tomar, como Ritalin. Lo mejor es hablar con tu médico para determinar si la medicación es el mejor tratamiento para el TDAH o si algo como la terapia conductual o ambos es más beneficioso. Estos pueden ayudar a aliviar los síntomas del TDAH para ayudar al dominio que tiene en la vida cotidiana. Los cinco tipos de medicación psicoestimulante para el TDAH son:

Ritalin, también conocido como metilfenidato
Vyvanse - También conocido como lisdexanfetamina
Dexedrine – conocido como Dextroanfetamina
Strattera, también conocida como atomoxetina
Intuniv, también conocido como guanfacina

Todos estos medicamentos tienen efectos secundarios como somnolencia, dolores de cabeza, vómitos y diarrea. Los medicamentos como Ritalin causan latidos cardíacos rápidos, pánico y pueden causar insuficiencia cardíaca. Consulta a tu médico sobre todos estos para determinar si esta es la mejor ruta para tratar tu TDAH o el de tu hijo.

Terapia Conductual

Según una investigación del Instituto Nacional de Salud Mental, descubrieron que la medicación y la terapia conductual son la mejor manera de tratar el TDAH. Este estudio también fue reforzado por la Academia Estadounidense de Pediatría sobre el poder de los dos métodos combinados. Consulta a un médico certificado por la junta y a un psiquiatra sobre este método para tal vez hacer cambios en tu vida o la de tus hijos. Estos son algunos consejos de Terapia Cognitiva Conductual (TCC) según el director del Centro para Niños y Familias de UONY William Pelham, Jr., Ph.D., según Marsha Linehan, Ph.D., ABPP, profesora de psicología en la Universidad de Washington y Carol Brady, Ph.D., psicóloga infantil que ejerce en Houston. La razón es suficiente para esto: un estudio clínico del Hospital General de Massachusetts de Boston, realizado en el 2010, encontró que la combinación de los dos métodos produce los mejores resultados.

Terapia #1 - Niños: Refuerzo Positivo/Negativo

Formula una estrategia para controlar el comportamiento de tu hijo a través del refuerzo positivo y negativo. Primero, diseña un sistema de recompensas para tu hijo por un comportamiento ejemplar. Por otro lado, están consternados por el comportamiento negativo al ignorarlo para no llamar la atención. El niño podría estar actuando para llamar la atención. Arrebate cosas, como videojuegos o teléfonos inteligentes, si el comportamiento negativo desciende en espiral. Si encuentras algo que causa el comportamiento ingobernable, restrínjaselo al niño.

Terapia #2 - Adultos: Controlar la DMN/Soñar Despierto

Controlar el patrón de pensamiento negativo desde el subconsciente. La DMN, la parte de tu cerebro en piloto automático es algo que se puede controlar para ayudar con el TDAH. Si tu mente está atrapada en un bucle de pensamientos negativos, entonces contrólalos siendo consciente de ellos. Para algunos de los problemas más graves, como la hiperactividad, el patrón de pensamiento negativo y la impulsividad, estas técnicas no serán un remedio al 100%, pero disminuirán su impacto en ellos. Según la investigación, no hay evidencia de que la TCC pueda reemplazar la terapia con medicamentos psicoestimulantes, pero la evidencia de estas técnicas con una combinación de una cápsula diaria puede lograr una reducción de los síntomas.

CAMBIE LA MENTALIDAD PREDETERMINADA PARA DISMINUIR EL IMPACTO DEL TDAH

Generalización excesiva: si cometes un error, lo ves como un patrón y reaccionas emocionalmente de forma exagerada. Uno es demasiado duro consigo mismo por errores humanos menores.

Pensamiento comparativo: compararse con las expectativas poco realistas de los demás y luego sentirse inferior. Si no eres tan bueno como el más grande, entonces no eres bueno nada según este método de pensamiento.

Lectura mental: crees que tienes la capacidad de clarividencia. Ves a la gente y piensas lo peor que están pensando en realidad, sus pensamientos son más mundanos.

Adivinación: profecías de que las cosas siempre están mal. El resultado: puede convertirse en una profecía autocumplida por eso.

Pensamiento de todo o nada: esto es cuando ves la totalidad de todo en extremos de blanco y negro. No hay término medio. Todas las cosas son buenas y malas.

Ampliación y minimización: creer que los logros en la vida son algo menor pero creer que los pequeños fracasos son errores colosales.

Declaraciones de "debería" - Ser terco y poco flexible para que las cosas se hagan a tu manera, lo que abre las puertas a la autocrítica y sentimientos de amargura.

Terapia #3 - Terapia conductual dialéctica para adultos

La neuropsicología se puede mitigar mediante la terapia conductual dialéctica (TDC). Esto implica ir a sesiones semanales de grupos de apoyo para desarrollar mejores habilidades de afrontamiento en situaciones sociales. Esta terapia de conversación puede ayudar a mejorar los trastornos de personalidad o cómo manejas los conflictos interpersonales. Se puede utilizar para disminuir los trastornos del estado de ánimo, las autolesiones y los pensamientos suicidas. Se puede enseñar TDC para ofrecer apoyo a aquellos que luchan en la sociedad con problemas de personalidad que los frenan y pueden traer el brazo hacia sí mismos. Utiliza varios métodos como la atención plena y la aceptación de uno mismo y la mejora de la autoestima.

Terapia #4 - Coaching

Hay tantos aspectos de la vida para aprender y un coach profesional puede ayudar a aprender a manejar mejor las cosas. Hay coaches para la gestión del tiempo, la planificación, la motivación, el equilibrio y la toma de decisiones saludables, la lista es interminable. Tener un coach en tu vida que pueda apoyarte en las buenas y en las malas es una gran manera de desarrollar la autoestima y aprender a modificar el comportamiento. Los hay para adultos y niños que pueden guiarlos a lo largo de los momentos oscuros de la vida o simplemente darles consejos simples sobre cómo manejar las situaciones que puedan surgir.

Terapia #5 - Neurorretroalimentación

Este no se trata de la pinza para mantener los ojos abiertos y obligados a ver la película "La técnica de Ludovico" que aparece en la película La naranja mecánica de Stanley Kubrick. La neurorretroalimentación es la neuroterapia que utiliza dispositivos atados para dar biorretroalimentación a través de un electrodo en la cabeza. Esto se usa para el control de impulsos para lograr que cambien su método de pensamiento. Esto puede ayudar a las personas a dejar de ser rebeldes y ayudar a domar sus rasgos de personalidad agresivos y contraproducentes. El jurado aún está deliberando sobre la investigación clínica si esto funciona o no.

Terapia #6 - Terapia de juego

Este método consiste simplemente en jugar con tus hijos para que se relajen, establezcas vínculos con ellos, reduzcan la ansiedad y mejoren su autoestima. Muchos niños, quizás el hijo del medio, pueden sentirse algo excluidos si hay alguien que nació antes o después de ellos. (Investiga el síndrome del hijo del medio). Para que tu hijo se sienta esperanzado, feliz y con autoestima, debe jugar y también vincularse con sus padres a través del tiempo de juego. Entonces, si te dejan mucho tiempo solo y tienen problemas en la escuela, tal vez sea hora de vincularte más con ellos y jugar Nintendo o jugar baloncesto con ellos.

Terapia #7 - Musicoterapia

La música hace mucho más que hacer que tu cabeza se mueva hacia arriba y hacia abajo a través de una melodía estimulante: los efectos psicológicos también ayudan a concentrarte, ser hiperactivo y desarrollar habilidades sociales y la memoria. Esto ayuda con la capacidad cognitiva y ayuda a producir neuronas para la neuroplasticidad. También trae placer que ayuda a que la hormona del placer, la dopamina, aumente en el cerebro. Otras cosas que la música puede hacer es reducir la ansiedad y la presión arterial ayudaría a una persona a relajarse, aprender y ser un miembro de la sociedad con más habilidades sociales. La fundadora de "Listen For Life", Donna Stoering, dio una conferencia Ted sobre cuán beneficiosa es la música para regular las emociones, ayudar a dormir y, especialmente, para alguien que tiene trastorno de hiperactividad: calme la ira. Finalmente, un estudio realizado en el 2020 descubrió que la musicoterapia mejora la atención en los niños.

Terapia #8 - Arteterapia

Hay algo llamado cerebro derecho, cerebro izquierdo y su relevancia para el arte. Lo que significa que el lado izquierdo del cerebro está más interesado en las matemáticas y el lenguaje. El cerebro derecho es más arte. Algunos niños y adultos son simplemente más pensadores dominantes del cerebro derecho y eso es lo que les interesa. Mientras tanto, muchas cosas en la vida no son arte en lo más mínimo, y sus mentes divagan. La solución: hacer cualquier cosa artística para ayudar a enfocar la concentración. Si sientes pasión por tu proyecto, entonces tu enfoque solo aumenta exponencialmente. Es por eso que crear arte puede ayudar a un niño o a un adulto a perfeccionar sus habilidades de enfoque. En su mente errante, a los niños se les enseña a enfocarse en las cosas que disfrutan, lo que puede ayudarlos a desarrollar agudeza para otras cosas. Otras cosas que el arte ayuda son al manejo de las emociones y a desarrollar una necesidad de resolución de problemas para la vida cotidiana.

Terapia #9 - Equinoterapia

Este es uno de los más esotéricos, pero hay datos científicos sobre este tratamiento. Los animales depredadores como perros y gatos ocultan sus sentimientos para cazar. Otros animales de presa, como caballos y burros, expresan sus sentimientos. La Biblioteca Nacional de Medicina, brindó información sobre este estudio publicado sobre montar a caballo que ayudó a mejorar el TDAH en 5 niños. Descubrieron que la equitación terapéutica tenía un efecto positivo en su salud mental; en lugar de simplemente hablar con alguien sobre su problema, se unieron a los animales. Hay varias actividades que puedes hacer con un caballo, como la Hipoterapia utilizando ese mismo momento con el caballo para mejorar la salud mental. Otros son la conducción terapéutica en la que simplemente manejas al caballo con un carruaje adjunto. Sin embargo, para el niño común o el adulto común, encontrar el caballo para montar puede no ser realista. Pero si vives en una granja en algún lugar y tienes algunos corceles, considera esto.

Terapia #10 - Terapia de videojuegos

Si el último sobre montar a caballo suena un poco esotérico y un tratamiento de ensueño, este es más realista para la mayoría de los niños y les encantaría escucharlo. En un estudio en Duke realizado por Scott Kollins, profesor de psiquiatría y ciencias del comportamiento, descubrió que los videojuegos no son un tratamiento alternativo para el TDAH, pero son "prometedores". El estudio encontró que los niños que no tomaron medicamentos y luego jugaron videojuegos durante 25 minutos una semana, mostró una gran mejora en los puntajes de atención, según el Dr. Kollins. Tiene sentido: los videojuegos, especialmente los más competitivos en línea como Call of Duty, requieren una cantidad extraordinaria de concentración durante tal vez docenas de horas para ser adecuados.

10.3 Resumen

Desde controlar la DMN hasta grupos de autoayuda, medicamentos, videojuegos e incluso montar a caballo, existen varias formas de tratamiento para el TDAH. Estas técnicas y medicamentos podrían ayudar a mejorar a alguien que tiene trastorno por déficit de atención y vivir una vida mejor y más exitosa. Entonces, ya sea que seas joven, mayor o en el medio, si eres una persona que lucha con la concentración, ahora es el momento de tomar el control de eso y vivir a la altura de tu máximo potencial para que puedas alcanzar el Monte Everest de la felicidad.

Pensamientos finales

Este libro fue compilado a través de varios estudios clínicos y artículos escritos en Internet para mejorar la mente y la perspectiva de la vida. Al igual que muchas cosas en la vida, no todo es un método único para todos. Así que hay ciertas cosas en este libro que funcionarán bien para ti y tu personalidad, pero otras cosas pueden no ser coherentes con lo que eres como persona.

Desde mi experiencia personal como alguien que trabaja como escritor, algunas de las mejores cosas que podrías hacer para mejorar es tener un amor de por vida por la lectura, el ejercicio, la dieta y mantener una mentalidad positiva a través de las pruebas y tribulaciones de la vida. Si hay algo en este libro que podrías sacar y que más te transformará, como una polilla en mariposa, y te sacará de ese caparazón de tortuga es la información extraordinaria y directa del estudio de la Dra. Carol Dweck sobre la mentalidad de crecimiento versus una mentalidad fija. Esta realización aleccionadora, muestra que tu inteligencia y habilidades no están determinadas al nacer, y si eres débil en un área, que así sea. Cualquier otra cosa, puedes crecer exponencialmente creando un patrón positivo y haciéndolo todos los días. A través de pasos agigantados y la contienda, superando los obstáculos con determinación, podrías convertirte en una mejor persona y más equilibrada emocionalmente con una mejora progresiva. La mentalidad de crecimiento personal es transformadora, y comprenderla tampoco es exactamente neurociencia intelectual. Esa es la diferencia entre progresar en la vida y estar encadenado por el puño de hierro de preocuparse por el fracaso y retroceder lentamente hacia la depresión. Como alguien que ha crecido considerablemente desde que salió de la universidad, ese fue verdaderamente el factor distintivo de mi crecimiento personal y de muchos de mis compañeros en mi juventud. Muchas de las personas con las que crecí, se graduaron de la escuela secundaria, o incluso de la universidad, y se dieron por vencidos en mejorar gradualmente varias cosas en su vida. Comprender qué persona eres tú y los que te rodean y en qué estado de ánimo se encuentran te ayudará a avanzar en la vida.

Para terminar, te deseo lo mejor en tu búsqueda por expandir tu mente y quizás horizontes más amplios y soleados a través de varias técnicas que se encuentran en este libro. Te agradezco sinceramente por leer y espero que estas palabras te hayan inspirado a seguir tus sueños con pasión firme a través de los obstáculos. En las sabias palabras de Walt Disney, "Todos nuestros sueños pueden hacerse realidad, si tenemos el coraje de perseguirlos".

RECURSOS:

INTRODUCCIÓN

Plasticidad cerebral. Plasticidad cerebral: una descripción general | Temas de ScienceDirect. (sin fecha). Recuperado el 28 de Octubre, 2022, de

https://www.sciencedirect.com/topics/neuroscience/brain-plasticity

Enciclopedia Británica, Inc. (sin fecha). Neuroplasticidad. Enciclopedia Británica. Recuperado el 28 de Octubre, 2022, de https://www.britannica.com/science/neuroplasticity

Universidad, H. (16 de diciembre de 2013). ¿El 'efecto Mozart' de hacer que los niños estudien música? es solo un mito, según los investigadores. The Washington Post. Recuperado el 28 de Octubre, 2022, de

https://www.washingtonpost.com/national/health-science/the-mozart-effect-of-having-kids-study-music-its-only-a-myth-researchers-find/2013/12/13/bd2ede46-6351-11e3-a373-0f9f2d1c2b61_story.html

CAPÍTULO UNO

Cherry, K. (sin fecha). Neuroplasticidad: cómo la experiencia cambia el cerebro. Verywell Mind. Recuperado el 28 de Octubre, 2022 de https://www.verywellmind.com/what-is-brain-plasticity-2794886

Caverzasio, S., Amato, N., Manconi, M., Prosperetti, C., Kaelin-Lang, A., Hutchison, W. D., & Galati, S. (24 de Diciembre, 2017). Plasticidad cerebral y sueño: implicaciones para los trastornos del movimiento. Revisiones de neurociencia y biocomportamiento. Recuperado el 28 de Octubre, 2022 de https://www.sciencedirect.com/science/article/abs/pii/S0149763417305109

Cherry, K. (sin fecha). Neuroplasticidad: cómo la experiencia cambia el cerebro. Recuperado el 28 de Octubre, 2022 de https://www.verywellmind.com/what-is-brain-plasticity-2794886

Levine, H. (29 de Julio 2022). 5 ejercicios cerebrales que pueden mantener tu mente aguda. AARP. Recuperado el 28 de Octubre, 2022 de https://www.aarp.org/health/brain-health/info-2022/workouts-for-brain-health.html

Fundación Wikimedia. (13 de octubre 2022). Neuroplasticidad. Wikipedia. Recuperado el 28 de Octubre, 2022 de https://en.wikipedia.org/wiki/Neuroplasticity

Person. (17 de junio de 2020). Cómo reconfigurar tu cerebro: 6 ejercicios de neuroplasticidad. línea de salud. Recuperado el 28 de Octubre, 2022 de https://www.healthline.com/health/rewiring-your-brain#travel

Kaplan, E. (26 de Diciembre 2017). Cómo reconfigurar tu cerebro para un éxito masivo, según Neurociencia. Medium. Recuperado el 28 de Octubre, 2022 de https://medium.com/thrive-global/how-to-rewire-your-brain-for-massive-success-according-to-neuroscience-f051a30395d1

Mark Stibich, P. D. (2 de Marzo 2020). Las 10 mejores maneras de mejorar la aptitud de su cerebro. Recuperado el 28 de Octubre, 2022 de https://www.verywellmind.com/top-ways-to-improve-your-brain-fitness-2224137

¿Está disminuyendo la alfabetización?: Inside high Ed. Gamma de Educación Superior. (sin fecha). Recuperado el 28 de Octubre, 2022 de https://www.insidehighered.com/blogs/higher-ed-gamma/literacy-declining

S;, C. R. M. A. C. (sin fecha). Ácidos grasos N-3: papel en la neurogénesis y neuroplasticidad. Química médica actual. Recuperado el 28 de Octubre, 2022 de https://pubmed.ncbi.nlm.nih.gov/23746276/

Zhang L;Luo J;Zhang M;Yao W;Ma X;Yu SY; (sin fecha). Efectos de la curcumina en el comportamiento depresivo crónico, impredecible, leve, inducido por estrés y plasticidad estructural en la amígdala lateral de ratas. La revista internacional de neuropsicofarmacología. Recuperado el 28 de Octubre 2022, de https://pubmed.ncbi.nlm.nih.gov/24405689/

Sisson, M. (24 de Agosto de 2021). 16 maneras de aumentar la neuroplasticidad (y por qué eso es importante). La manzana diaria de Mark. Recuperado el 28 de Octubre 2022, de https://www.marksdailyapple.com/16-ways-to-increase-neuroplasticity-and-why-thats-important/

Moore, Z., Kemberling, C., Barlow, S., Saito, E., & Jeffrey Edwards, P. D. (sin fecha). Efectos de la dieta cetogénica en el aprendizaje y la memoria. ScholarArchive BYU. Recuperado el 28 de Octubre 2022, de https://scholarsarchive.byu.edu/library_studentposters_2021/25/

Rossi, E., Cheng, H., Kroll, J. F., Diaz, M. T., & Newman, S. D. (21 de Noviembre de 2017). Cambios en la conectividad de la materia blanca en estudiantes tardíos de segundo idioma: evidencia de imágenes de tensor de difusión. Frontiers in psychology. Recuperado el 28 de Octubre 2022, de https://www.ncbi.nlm.nih.gov/pmc/articles/PMC5702476/

CAPÍTULO DOS

Sur, S. (2022, Octubre 27). Mentalidad ganadora: 10 secretos para desarrollarla y mantenerla. Wealthful Mind. Recuperado el 28 de Octubre 2022 de https://wealthfulmind.com/winning-mentality-secrets-to-developing-it/#:~:text=A%20winning%20mentality%20is%20a,seeks%20growth%20in%20every%20opportunity.

Cómo rodearte de buenas personas en tu vida. www.tonyrobbins.com. (sin fecha). Recuperado el 28 de Octubre 2022 de https://www.tonyrobbins.com/stories/business-mastery/surround-yourself-with-quality-people/

U.S. Department of Health and Human Services. (sin fecha). Los efectos dañinos del alcohol en el cerebro. Instituto Nacional sobre Abuso de Alcohol y Alcoholismo. Recuperado 28 de Octubre 2022, de https://pubs.niaaa.nih.gov/publications/aa63/aa63.htm

Pearson, J., Naselaris, T., Holmes, E. A., & Kosslyn, S. M. (Octubre 2015). Imágenes mentales: mecanismos funcionales y aplicaciones clínicas. Tendencias en ciencias cognitivas. Recuperado el 28 de Octubre 2022 de https://www.ncbi.nlm.nih.gov/pmc/articles/PMC4595480/

NBA. (14 de Junio 2022). Final 4:39 de la Final del Juego de Michael Jordan de los Bulls vs jazz - Finales NBA 1998. Youtube. Recuperado el 28 de Octubre 2022 de https://www.youtube.com/watch?v=VlbC8q4VkL4

Fundación Wikimedia. (28 de octubre 2022). Tom Brady. Wikipedia. Recuperado el 28 de Octubre 28 2022, de https://en.wikipedia.org/wiki/Tom_Brady

Campbell, S. (13 de Octubre 2016). 10 maneras de desarrollar una creencia inquebrantable en ti mismo. Emprendedor. Recuperado el 28 de Octubre 2022 de https://www.entrepreneur.com/living/10-ways-to-develop-an-unshakable-belief-in-yourself/283645

CAPÍTULO TRES

Fundación Mayo para la Educación e Investigación Médica. (2022, 3 de febrero). Cómo detener el diálogo interno negativo. Clínica Mayo. Recuperado el 28 de Octubre 2022 de https://www.mayoclinic.org/healthy-lifestyle/stress-management/in-depth/positive-thinking/art-20043950

Fundación Mayo para la Educación e Investigación Médica. (2021, 29 de julio). ¿Alivio del estrés de la risa? No es un chiste. Clínica Mayo. Recuperado el 28 de Octubre 2022 de https://www.mayoclinic.org/healthy-lifestyle/stress-management/in-depth/stress-relief/art-20044456

La neurociencia de romper con el pensamiento negativo (y... - inc.com. (sin fecha). Recuperado el 28 de Octubre 2022 de https://www.inc.com/nate-klemp/try-this-neuroscience-based-technique-to-shift-your-mindset-de-negative-to-positive-in-30-seconds.html

M.D., C. B. (17 de Agosto 2021). El 85% de lo que te preocupa nunca sucede. Medio. Recuperado el 28 de Octubre 2022 de https://medium.com/mind-cafe/85-of-what-you-worry-about-never-happens-3f748aab16de

Cho, J. (28 de Diciembre, 2016,). La ciencia detrás de cómo la Atención Plena puede ayudar a romper patrones de pensamiento negativos. Forbes. Recuperado el 28 de Octubre 2022 de https://www.forbes.com/sites/jeenacho/2016/12/27/the-science-behind-how-mindfulness-helps-you-to-break-negative-thought-patterns/?sh=68c751db4119

Team, B. y S. (11 de Marzo 2022). Cómo darle la vuelta a tus pensamientos negativos. Clínica Cleveland. Recuperado el 28 de Octubre 2022 de https://health.clevelandclinic.org/turn-around-negative-thinking/

Morris, L. (11 de Marzo 2022). 3 formas de convertir lo negativo en positivo. wikiHow. Recuperado el 28 de Octubre 2022 de https://www.wikihow.com/Turn-Negative-Into-Positive

Clark, D. (sin fecha). 3 formas de convertir la negatividad en positividad. TTI Success Insights Blog. Recuperado el 28 de Octubre 2022 de https://blog.ttisi.com/3-ways-to-turn-negativity-into-positivity

Crystal, J (sin fecha). Cuando nada es divertido, incluso la risa simulada puede ser una buena medicina. Recuperado el 28 de Octubre 2022 de https://www.globallymealliance.org/blog/when-nothings-funny-even-simulated-laughter-can-be-good-medicine

Administración de servicios de abuso de sustancias y salud mental. SAMHSA. (sin fecha). Recuperado el 28 de Octubre 2022 de https://www.samhsa.gov/

Bradshaw, F. (8 de Abril de 2022). Cómo convertir los pensamientos negativos en acciones positivas. Mind Tools Blog. Recuperado el 28 de Octubre 2022 de https://www.mindtools.com/blog/how-to-turn-negative-thoughts-into-positive-actions/

Los verdaderos beneficios para la salud de sonreír y reír. Los beneficios reales para la salud de sonreír y reír | SCL Health. (sin fecha). Recuperado el 28 de Octubre 2022 de https://www.sclhealth.org/blog/2019/06/the-real-health-benefits-of-smiling-and-laughing/

Desarrollo de la autoestima: una guía de autoayuda, folleto SAMHSA SMA-3715. (sin fecha). Desarrollar la autoestima cambiando los pensamientos negativos. Recuperado el 28 de Octubre 2022 de https://www.mentalhelp.net/self-esteem/changing-negative-thoughts/

Santos-Longhurst, A. (21 de Febrero de 2019). Cómo pensar en positivo y tener una mirada optimista: 8 consejos. Healthline. Recuperado el 28 de Octubre 2022 de https://www.healthline.com/health/how-to-think-positive#overview

https://academic.oup.com/aje/article/185/1/21/2631298

CAPÍTULO CUATRO

El poder del todavía: Carol S Dweck: Conferencia TED. Youtube. (12 de Septiembre de 2014). Recuperado el 28 de Octubre 2022 de https://youtu.be/J-swZaKN2Ic

FutureLearn. (25 de Abril 2022). ¿Qué es una mentalidad de crecimiento y cómo se puede desarrollar una? FutureLearn. Recuperado el 28 de Octubre 2022 de https://www.futurelearn.com/info/blog/general/develop-growth-mindset

Fensterwald, J. (23 de Noviembre 2015). Hay más en una 'mentalidad de crecimiento' que asumir que la tienes. EdSource. Recuperado el 28 de Octubre 2022 de https://edsource.org/2015/theres-more-to-a-growth-mindset-than-assuming-you-have-it/

Mentalidad de crecimiento versus mentalidad fija: ¿cuál es la diferencia? Business Insights Blog. (10 de Marzo 2022). Recuperado el 28 de Octubre 2022 de https://online.hbs.edu/blog/post/growth-mindset-vs-fixed-mindset

Mentalidad fija y de crecimiento. FutureLearn. (sin fecha). Recuperado el 28 de Octubre 2022 de https://www.futurelearn.com/info/courses/improving-study-techniques/0/steps/55541

Mentalidad de crecimiento versus mentalidad fija: cómo lo que piensas afecta lo que logras. Mindset Health. (sin fecha). Recuperado el 28 de Octubre 2022 de https://www.mindsethealth.com/matter/growth-vs-fixed-mindset

Rapier, G. (sin fecha). Steve Ballmer golpeó el iPhone: aquí hay otras 12 ocasiones en las que los jefes se equivocaron con la nueva tecnología. Business Insider. Recuperado el 28 de Octubre 2022 de https://www.businessinsider.com/iphone-steveballmer-bosses-mocked-new-technologyand-got-it-wrong-2017-6

Mentalidad de crecimiento en las principales empresas y resiliencia: capacitación CTR. (sin fecha). Recuperado el 28 de Octubre 2022 de https://ctrtraining.co.uk/documents/Resilience-GPUpdate.pdf

CAPÍTULO CINCO

10 maneras de aumentar tu inteligencia emocional | inc.com. (sin fecha). Recuperado el 28 de Octubre 2022 de https://www.inc.com/young-entrepreneur-council/10-ways-to-increase-your-emotional-intelligence.html

Lebow, H. I. (7 de Junio 2021). Inteligencia Emocional (EQ). Psych Central. Recuperado el 28 de Octubre 2022 de https://psychcentral.com/lib/what-is-emotional-intelligence-eq#examples

L;, R. P. N. J. O. (sin fecha). Puntuaciones de coeficiente intelectual entre adolescentes mayores sin hogar: características del rendimiento intelectual y asociaciones con el funcionamiento psicosocial. Diario de la adolescencia. Recuperado el 28 de Octubre 2022 de https://pubmed.ncbi.nlm.nih.gov/10462423/

León-Del-Barco, B., Lázaro, S. M., Polo-Del-Río, M.-I., & López-Ramos, V.-M. (15 de Diciembre 2020). La inteligencia emocional como factor protector frente a la victimización en el acoso escolar. revista internacional de investigacion ambiental y salud pública. Recuperado el 28 de Octubre 2022 de https://www.ncbi.nlm.nih.gov/pmc/articles/PMC7765427/

León-Pérez, J. M., Cantero-Sánchez, F. J., Fernández-Canseco, Á., & León-Rubio, J. M. (24 de Octubre 2021). Eficacia de un entrenamiento basado en el humor para reducir el malestar de los empleados. Revista internacional de investigación ambiental y salud pública. Recuperado el 28 de Octubre 2022 de https://www.ncbi.nlm.nih.gov/pmc/articles/PMC8583317/

CAPÍTULO SEIS

Academia de Coaching de Medicina Funcional. (14 de Mayo 2021). Desintoxicación cerebral: ¿es hora de una limpieza? Academia de Coaching de Medicina Funcional. Recuperado el 28 de Octubre 2022 de https://functionalmedicinecoaching.org/brain-detox-is-it-time-for-a-cleanse/

Matt Walker sobre por qué el sueño es tu superpoder. Lo que vemos. (4 de Mayo 2020). Recuperado el 16 de Septiembre 2022 de https://www.whatweseee.com/matt-walker-sleep/

El papel del sueño REM en Soluciones Creativas, Inspiración de Sueños y Sabiduría: Matthew Walker. FoundMyFitness. (n.d.). Recuperado el 28 de Octubre 2022 de https://www.foundmyfitness.com/episodes/rem-sleep-creative-solutions-dream-inspiration-wisdom

Colaboradores, W. M. D. E. (sin fecha). Cafeína: ¿Cuánto tiempo duran sus efectos? Web MD. Recuperado el 16 de Septiembre 2022 de https://www.webmd.com/diet/how-long-caffeine-lasts

Saletin, J. M., Goldstein, A. N., & Walker, M. P. (Noviembre 2011). El papel del sueño en el olvido y el recuerdo dirigidos de los recuerdos humanos. Corteza cerebral (New York, N.Y. : 1991). Recuperado el 28 de Octubre 2022 de https://www.ncbi.nlm.nih.gov/pmc/articles/PMC3183424/

60minutos. (10 de Enero 2018). 60 Minutos: Hackear el cerebro. YouTube. Recuperado el 28 de Octubre 2022 de https://youtube.com/watch?v=awAMTQZmvPE

Lograr la depuración del cerebro y prevenir enfermedades neurodegenerativas: un ... (sin fecha). Recuperado el 28 de Octubre 2022 de https://journals.sagepub.com/doi/10.1177/0271678X20982388

G;, N. A. D. J. L. D. (sin fecha). La cafeína y el sistema nervioso central: Mecanismos de acción, efectos bioquímicos, metabólicos y psicoestimulantes. Investigación del cerebro. Reseñas de investigaciones sobre el cerebro. Recuperado el 28 de Octubre 2022 de https://pubmed.ncbi.nlm.nih.gov/1356551

Huguet, M., Payne, J. D., Kim, S. Y., & Alger, S. E. (29 de Agosto de 2019). El sueño nocturno beneficia tanto la memoria asociativa y relacional directa neutra como la negativa: neurociencia cognitiva, afectiva y conductual. Springer Link. Recuperado el 28 de Octubre 2022 de https://link.springer.com/article/10.3758/s13415-019-00746-8

Realiza un seguimiento de tu sueño con Apple Watch. Soporte de Apple. (sin fecha). Recuperado el 16 de Septiembre 2022, de https://support.apple.com/guide/watch/sleep-apd830528336/watchos

CAPÍTULO SIETE

Beneficios de la atención plena. HelpGuide.org. (sin fecha). Recuperado el 28 de octubre de 2022, de https://www.helpguide.org/harvard/benefits-of-mindfulness.htm

Fundación Wikimedia. (7 de julio 2017). Charla: Maharishi Mahesh Yogi/conciencia. Wikipedia. Recuperado el 28 de Octubre 2022 de https://en.wikipedia.org/wiki/Talk%3AMaharishi_Mahesh_Yogi%2FConsciousness

El cerebro de buda - amazon.com. (n.d.). Recuperado el 28 de Octubre 2022 de https://www.amazon.com/Buddhas-Brain-Practical-Neuroscience-Happiness/dp/1491518669

6 pasos para la meditación consciente. Live Happy. (sin fecha). Recuperado el 28 de Octubre 2022 de

https://www.livehappy.com/practice/6-steps-to-mindfulness-meditation

Davidson, R. J. (sin fecha). Cómo cambia la atención plena la vida emocional de nuestro cerebro: Richard J. Davidson: Tedxsanfrancisco. Richard J. Davidson: Cómo cambia la atención plena la vida emocional de nuestro cerebro | Richard J. Davidson | TEDxSanFrancisco | TED Talk. Recuperado el 28 de Octubre 2022 de https://www.ted.com/talks/richard_j_davidson_how_mindfulness_changes_the_emotional_life_of_our_brains_jan_2019

Powell, A. (27 de Agosto 2018). Investigadores de Harvard estudian cómo la atención plena puede cambiar el cerebro en pacientes deprimidos. Harvard Gazette. Recuperado el 28 de Octubre 2022 de https://news.harvard.edu/gazette/story/2018/04/harvard-researchers-study-how-mindfulness-may-change-the-brain-in-depressed-patients/

Departamento de Salud y Servicios Humanos de EE. UU. (sin fecha). Meditación y atención plena: lo que necesitas saber. Centro Nacional de Salud Complementaria e Integrativa. Recuperado el 28 de Octubre 2022 de https://www.nccih.nih.gov/health/meditation-and-mindfulness-what-you-need-to-know

Brady, A. (27 de Agosto 2021). 4 técnicas y herramientas avanzadas de meditación para profundizar en tu práctica. Chopra. Recuperado el 28 de Octubre 2022 de https://chopra.com/articles/4-advanced-meditation-techniques-and-tools-to-deepen-your-practice

MediLexicon International. (sin fecha). Respiración 4-7-8: Cómo funciona, beneficios y usos. Medical News Today. Recuperado el 28 de Octubre 2022 de https://www.medicalnewstoday.com/articles/324417#benefits

CAPÍTULO OCHO

Enciclopedia Británica, Inc. (sin fecha). Resumen de Napoleón. Encyclopædia Britannica. Recuperado el 28 de Octubre 2022 de https://www.britanica.com/summary/Napoleon-I

Enciclopedia Británica, Inc. (sin fecha). Resumen de las guerras napoleónicas. Encyclopædia Britannica. Recuperado el 28 de Octubre 2022 de https://www.britannica.com/summary/Napoleonic-Wars

¿Por qué es importante la planificación estratégica?: HBS Online. Business Insights Blog. (6 de Octubre 2020). Recuperado el 28 de Octubre 2022 de https://online.hbs.edu/blog/post/why-is-strategic-planning-important

4 maneras de desarrollar sus habilidades de pensamiento estratégico: HBS Online. Business Insights Blog. (10 de Septiembre 2020). Recuperado el 28 de Octubre 2022 de https://online.hbs.edu/blog/post/how-to-develop-strategic-thinking-skills

Marieforleo. (13 de septiembre 2019). Millonario hecho a sí mismo: la estrategia simple que ayudó a aumentar mis probabilidades de éxito en un 42%. CNBC. Recuperado el 28 de Octubre 2022 de https://www.cnbc.com/2019/09/13/self-made-millionaire-how-to-increase-your-odds-of-success-by-42-percent-marie-forleo.html

Elle Kaplan. (21 de Noviembre 2017). 3 hábitos inteligentes que mejorarán tu riqueza y éxito este mes. Elle Kaplan. Recuperado el 28 de Octubre 2022 de https://ellekaplan.com/3-smart-habits-will-improve-wealth-success-month/

Elle Kaplan. (22 Agosto 2017). 3 comportamientos que te pondrán en el camino del Éxito. Elle Kaplan. Recuperado el 28 de Octubre 2022 de https://ellekaplan.com/3-behaviors-will-put-path-success/

Elle Kaplan. (22 Agosto 2017). 3 comportamientos que te pondrán en el camino del Éxito. Elle Kaplan. Recuperado el 28 de

Octubre 2022 de https://ellekaplan.com/3-behaviors-will-put-path-success/

CAPÍTULO NUEVE

Hogan, C. (30 de abril 2020). Cómo salir de tu modo predeterminado y vivir de tu configuración avanzada. Medium. Recuperado el 28 de Octubre 2022 de https://medium.com/@cchogan1/how-to-switch-out-of-your-default-mode-and-live-de-your-advanced-settings-d59b64a55a23

Getaway. (7 de julio 2020). Lee acerca de la red de modo predeterminado: Getaway. Getaway Journal. Recuperado el 28 de Octubre 2022 de https://journal.getaway.house/default-mode-network-your-mind-at-rest/

Haddadeen, S. (24 de septiembre 2022). La psilocibina y la red de modo predeterminado. Microdose. Recuperado el 28 de Octubre 2022 de https://www.microdosebros.com/psilocybin-and-the-default-mode-network/#:

Li, W., Mai, X., & Liu, C. (1 de Enero). La red de modo predeterminado y la comprensión social de los demás: ¿Qué nos dicen los estudios de conectividad cerebral? Frontiers. Recuperado el 28 de Octubre 2022 de https://www.frontiersin.org/articles/10.3389/fnhum.2014.00074/full

Forster, P. (24 de junio 2021). Red de modo predeterminado y tratamiento de la depresión: ketamina y TMS. Gateway Psychiatric. Recuperado el 28 de Octubre 2022 de https://www.gatewaypsychiatric.com/default-mode-network-and-depression/

Koselka, E. P. D., Weidner, L. C., Minasov, A., Berman, M. G., Leonard, W. R., Santoso, M. V., de Brito, J. N., Pope, Z. C., Pereira, M. A., & Horton, T. H. (7 de noviembre 2019). Caminando verde: Desarrollo de una base de evidencia para las prescripciones de la naturaleza. International journal of environmental research and public health. Recuperado el 28 de Octubre 2022 de https://www.ncbi.nlm.nih.gov/pmc/articles/PMC6888434/

Akiki TJ;Averill CL;Wrocklage KM;Scott JC;Averill LA;Schweinsburg B;Alexander-Bloch A;Martini B;Southwick SM;Krystal JH;Abdallah CG; (sin fecha). Anomalías de la red de modo predeterminado en el trastorno de estrés postraumático: un nuevo enfoque de topología restringida a la red. NeuroImage. Recuperado el 28 de Octubre 2022 de https://pubmed.ncbi.nlm.nih.gov/29730491/

Kirchner, B. (18 de julio 2018). TPN vs. DMN: mecanismos neuronales y atención plena. Exploring The Business Brain. Recuperado el 28 de Octubre 2022 de https://exploringthebusinessbrain.com/tpn-vs-dmn-neural-mechanisms-mindfulness/

CAPÍTULO DIEZ

WebMD. (sin fecha). Famosos con TDAH/TDA: 13 famosos con TDAH/TDA. WebMD. Recuperado el 28 de Octubre 2022 de https://www.webmd.com/add-adhd/ss/slideshow-celebrities-add-adhd

Holland, K. (25 de marzo 2020). Famosos con TDAH: 9 famosos con TDAH. Healthline. Recuperado el 28 de Octubre 2022 de https://www.healthline.com/health/adhd/celebrities#1.-Michael-Phelps

Holland, K. (25 de marzo 2020). Famosos con TDAH: 9 famosos con TDAH. Healthline. Recuperado el 28 de Octubre 2022 de https://www.healthline.com/health/adhd/celebrities

Kernbach, J. M., Satterthwaite, T. D., Bassett, D. S., Smallwood, J., Margulies, D., Krall, S., Shaw, P., Varoquaux, G., Thirion, B., Konrad, K., & Bzdok, D. (17 de julio 2018). Endofenotipos compartidos de disfunción del modo predeterminado en el trastorno por déficit de atención/hiperactividad y el trastorno del espectro autista.

Nature News. Recuperado el 28 de Octubre 2022 de https://www.nature.com/articles/s41398-018-0179-6

¿Qué es el TDAH? Psychiatry.org - ¿Qué es el TDAH? (sin fecha). Recuperado el 28 de Octubre 2022 de https://www.psychiatry.org/patients-families/adhd/what-is-adhd

Fox, K. C. R., Nijeboer, S., Dixon, M. L., Floman, J. L., Ellamil, M., Rumak, S. P., Sedlmeier, P., & Christoff, K. (3 de abril 2014). ¿La meditación está asociada con una estructura cerebral alterada? Una revisión sistemática y metanálisis de neuroimagen morfométrica en practicantes de meditación. Neuroscience & Biobehavioral Reviews. Recuperado el 28 de Octubre 2022 de https://www.sciencedirect.com/science/article/pii/S01497634 14000724

NHS. (sin fecha). Diagnóstico de TDAH. NHS choices. Recuperado el 28 de Octubre 2022 de https://www.nhs.uk/conditions/attention-deficit-hyperactivity-disorder-adhd/diagnosis/

Schimelpfening, N. (23 de julio 2022). Terapia dialéctica conductual (TDC): definición, técnicas y eficacia. Verywell Mind. Recuperado el 28 de Octubre 2022 de https://www.verywellmind.com/dialectical-behavior-therapy-1067402

Kasuya-Ueba, Y., Zhao, S., & Toichi, M. (1 de Enero). El efecto de la intervención musical en la atención de los niños: Evidencia experimental. Frontiers. Recuperado el 28 de Octubre 2022 de https://www.frontiersin.org/articles/10.3389/fnins.2020.0075 7/full

Beneficios de la Música para Público en General. Listen4Life Foundation. (sin fecha). Recuperado el 28 de Octubre 2022 de https://www.listenforlife.org/healing-benefits.html

Kollins, D. S. (sin fecha). La terapia con videojuegos puede ayudar a tratar el TDAH, según un estudio. ABC News. Recuperado el 28 de Octubre 2022 de https://abcnews.go.com/Health/video-game-therapy-treat-adhd-study-finds/story?id=69186285

¿La terapia con caballos es efectiva para el TDAH? CHADD. (28 de Febrero 2019). Recuperado el 28 de Octubre 2022 de https://chadd.org/adhd-weekly/is-therapy-using-horses-effective-for-adhd/

Boddy-Evans, M. (20 de febrero 2019). El efecto del "cerebro derecho del cerebro izquierdo" en el art. LiveAbout. Recuperado el 28 de Octubre 2022 de https://www.liveabout.com/right-brain-left-brain-theory-art-2579156

Kasuya-Ueba, Y., Zhao, S., & Toichi, M. (1 de Enero). El efecto de la intervención musical en la atención de los niños: Evidencia experimental. Frontiers. Recuperado el 28 de Octubre 2022 de https://www.frontiersin.org/articles/10.3389/fnins.2020.00757/full

WebMD. (sin fecha). Proceda con precaución: 10 cosas que debe considerar antes de suspender sus medicamentos para el TDAH. WebMD. Recuperado el 28 de Octubre 2022 de https://www.webmd.com/add-adhd/ss/cm/10-things-you-should-consider-before-stopping-adhd-meds

PENSAMIENTOS FINALES

Xplore. (sin fecha). Citas de Walt Disney. BrainyQuote. Recuperado el 28 de Octubre 2022 de https://www.brainyquote.com/quotes/walt_disney_163027